L'ARCHITECTURE ET LA SCULPTURE EN BELGIQUE

Volumes parus dans la même collection :

L'Art Égyptien, par Charles BOREUX.

Les Arts Musulmans, par Gaston MIGEON.

La Peinture des Vases Grecs, par Georges NICOLE.

La Sculpture Française du Moyen Age et de la Renaissance, par Marcel AUBERT.

La Peinture Hollandaise, par Mme CL. BRIÈRE-MISME,

La Sculpture Italienne, par Charles MARCEL-REYMOND.

L'Art Chrétien primitif et l'Art Byzantin, par Charles DIEHL, de l'Institut.

L'Art de l'Asie Occidentale ancienne, par Georges CONTENAU.

La Peinture Française du Moyen Age et de la Renaissance, par Louis GILLET.

L'Architecture Italienne, par Gabriel ROUCHÈS.

La Peinture Espagnole, par Pierre PARIS, de l'Institut.

L'Architecture et la Sculpture en Belgique, par Marcel LAURENT.

A paraître prochainement :

L'Art Égéen, par Jean CHARBONNEAUX.

La Peinture Italienne (2 volumes), par René SCHNEIDER.

La Sculpture chinoise, par H. D'ARDENNE DE TIZAC.

BIBLIOTHÈQUE D'HISTOIRE DE L'ART

Publiée sous la Direction de M. Auguste MARGUILLIER

L'ARCHITECTURE

ET

LA SCULPTURE

EN BELGIQUE

PAR

MARCEL LAURENT

PROFESSEUR A L'UNIVERSITÉ DE LIÉGE

CONSERVATEUR AUX MUSÉES ROYAUX DU CINQUANTENAIRE

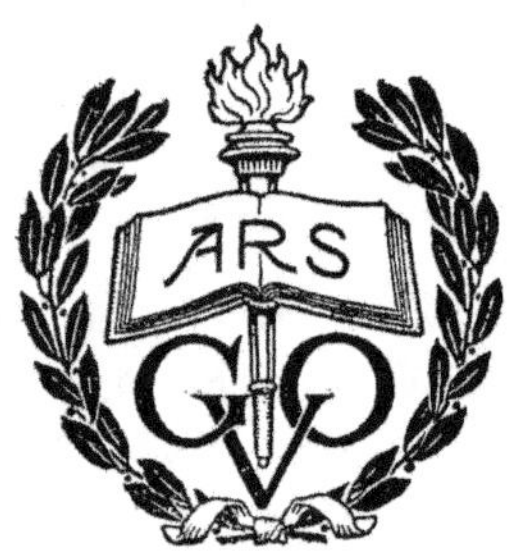

PARIS ET BRUXELLES

LES ÉDITIONS G. VAN OEST

—

1928

L'ARCHITECTURE ET LA SCULPTURE
EN BELGIQUE

L'ARCHITECTURE

I. — Les églises romanes.

Il serait vain de vouloir esquisser l'histoire de l'architecture en Belgique avant l'époque carolingienne. Les grands monuments — ils étaient bien rares d'ailleurs — ont disparu. Dans les campagnes, il n'y eut avant le Xe siècle que des églises en bois.

On en serait donc réduit à un procès-verbal de carence, si l'on ne savait ce qui se passa dans d'autres parties de la Gaule. Là, le plan des basiliques romaines — un rectangle terminé par une abside — avait été généralement adopté et put se perpétuer assez longtemps. Mais bien plus tôt qu'on ne le croyait naguère, dès le VIIe siècle, il se modifia dans les églises monastiques. Le transept, déjà connu à Rome, fut accusé ; entre ce transept et l'abside trouva place un chœur rectangulaire, ce qui produisit une « croisée », au-dessus de laquelle, souvent, une coupole s'éleva ; enfin, à cause d'un double patronage dont les églises furent dotées, il arriva que le dispositif architectonique de l'Orient se répéta à l'Occident : il y eut deux transepts et deux chœurs pourvus d'autels. Ce fut le cas pour Corbie (Picardie) et Corbie fut le modèle de Corvey, dans l'Allemagne du Nord ; ce fut le cas surtout à Saint-Riquier, en Picardie (790-799), puis à Fulda (802-817), à Saint-Gall (830-835), à Werden-sur-Ruhr (875).

Ainsi cette transformation, dont l'importance est capitale, s'accomplit en France et fut adoptée ensuite en Allemagne. C'est ici que le plan nouveau trouva la plus grande faveur. Mais, tandis que selon l'exemple de Saint-Riquier, les architectes de Saint-Gall et de Werden enfermaient le chœur de l'Ouest dans un avant-corps monumental, avec façade plate, ceux de Fulda, d'après des modèles déjà connus (plan non réalisé de Saint-Gall, vers 720), construisaient en saillie semi-circulaire sur le transept le chœur de l'Ouest. De toutes façons, l'édifice nouveau, pourvu de tribunes, rempli d'autels, fait pour convenir aux pompes liturgiques, éveillait le sentiment d'une beauté insoupçonnée jusque-là, majestueuse, originale.

L'Allemagne lui sacrifia volontiers des plans architectoniques comme la chapelle palatiale d'Aix-la-Chapelle, octogone à coupole d'origine orientale (796-804). Des deux types, avant-corps ou chœur occidental, elle finit par ne plus guère connaître que le dernier (xie et xiie siècles). Elle l'enrichit, l'organisa, le développa, fit des emprunts à l'école lombarde; elle eut un style qui lui était propre. Or, de ce style celui de la Belgique orientale, partie de la Lotharingie, est inséparable.

Vers 690, l'église Sainte-Gertrude de Nivelles était double, elle avait une abside à l'Occident comme à l'Orient : tout l'indique encore dans le nouvel édifice, qui date de 1046 (pl. I). Plus tard, sous le règne de Notger, évêque de Liége (972-1008), le pays mosan fait preuve, en architecture, d'une activité sans pareille. A Saint-Jean de Liége (982), on avait imité la chapelle palatiale d'Aix, mais Saint-Lambert, la cathédrale (1015, disparue), avait un double chœur; Saint-Jacques (1016), un avant-corps à l'Occident ; Saint-Barthélemy, commencée en 1010 avec tours construites en 1200 (aujourd'hui restaurées), montre encore une façade fermée comme un coffre monumental (pl. II). Il en est de même à Maestricht, dans les églises de Saint-Servais et de Notre-Dame (fin du xie et xiie siècle), aux abbayes de Susteren et d'Aldeneyck. Sainte-Croix de Liége a toujours, au xiiie siècle, son double chœur. La Lotharingie, tout autant que la vallée du Rhin, restait attachée au type monastique apporté par la tradition carolingienne.

Mais, tandis que sur le Rhin on utilisait toujours davantage les tours et tourelles combinées avec les absides arrondies, tandis qu'on y créait des églises de structure serrée, d'aspect grandiose, dans la Lotharingie, tout en imitant, on simplifiait. Les architectes mosans adoptèrent les « bandes lombardes », les galeries d'arcatures, les clochers à quatre pignons triangulaires, mais ils en firent -- hormis à Maestricht -- un bien moindre usage. Dès le xie siècle, les angles droits l'emportent dans la construction sur les hémicycles. On renonce

aux tourelles et, ce 'qui est plus grave, aux voûtes sur la nef. Au lieu des clochers carrés sur avant-corps (Saint-Barthélemy) on préfère, surtout dans les
campagnes, une tour unique faisant saillie sur la façade, avec entrée latérale
(pl. II). Il y eut au XIIe siècle de très beaux cloîtres (Nivelles, Tongres).
Cependant, on peut dire, d'une façon générale que l'architecture religieuse, dans
la Belgique orientale, avait préféré à l'effet monumental une sorte de charme
pittoresque, infiniment séduisant, mais un peu monotone.

Le domaine de cette école comprend toute la vallée de la Meuse et la plus
grande partie des provinces de Hainaut et de Brabant. Sa limite est la vallée
de l'Escaut, où l'architecture s'apparente bien plutôt à celle de la France du
Nord. Ici — du moins en règle générale — point de tours en façade, mais une
tour carrée sur la croisée du transept, l'entrée dans l'axe de la nef. Les absides
en cul-de-four, nombreuses au pays de Liége, sont exceptionnelles dans le
Tournaisis et les Flandres. Par contre, on y répugne, comme sur la Meuse, à
l'emploi des voûtes ailleurs que sur les bas-côtés. Et tout cela paraîtrait assez
pauvre s'il n'y avait le cloître de Saint-Bavon à Gand (pl. III) et la tour à
étages d'Harlebeke, l'église de Soignies avec ses supports alternés, ses tribunes (XIe siècle) et la nef de la cathédrale de Tournai.

Cette nef (pl. V) fut achevée en 1171. Elle est un peu lourde, mais ample,
imposante. D'emblée, le regard est frappé par la présence de tribunes profondes
s'ouvrant sur la nef par de larges arcades ; au-dessus règne une galerie de
circulation qui se répète au dehors, puis ce sont les fenêtres hautes. Cette
superposition de quatre étages au dedans avec leur jeu d'horizontales et de
verticales, de pierre massive et de larges évidements, ce triforium extérieur
fleurissant de fenêtre en fenêtre la rudesse des murs : il y a là les éléments d'une
composition architectonique aussi noble que vigoureuse. Galeries de circulation
et tribunes semblent bien venir de Normandie (Jumièges, Bellay, XIe siècle),
d'où elles gagnèrent la Picardie, le Tournaisis et la Champagne.

La nef de Tournai est imposante, quoique lourde et tassée. Le transept
est grandiose. Il faisait partie d'un chevet tréflé qui fut consacré en 1213 et
dont il subsiste seul, puisque le chœur fit place à la merveille gothique que
tout le monde connaît. Construit à quatre étages, comme la nef, voûté d'ogives
à ses extrémités, élargi par des collatéraux, il forme dans la cathédrale une
cathédrale particulière, majestueuse et richement ouvrée, dont les deux bras,

convergeant à la croisée, s'achèvent par des conques profondes (pl. V). De ces extrémités arrondies du transept, que n'a-t-on pas dit ? Sont-elles lom bardes, rhénanes ? En réalité, le plan tréflé, familier aux anciens, fut adopté par les Lombards, d'où il passa sur le Rhin -- on le trouve à Sainte-Marie-du-Capitole, à Cologne, dès 1065. Triomphant fut son règne en Allemagne, et tout porte à croire qu'il fut transporté de là dans le Nord de la France (Saint-Lucien de Beauvais, entre 1090 et 1119; Noyon, 1150), mais c'est à Tournai que le transept prit de telles proportions grandioses et cette indépendance (cf., après Tournai, Valenciennes, Soissons, Laon, Cambrai). De la même façon, les quatre tourelles qui cantonnaient la lanterne du Grand-Saint-Martin à Cologne donnèrent l'idée des cinq clochers de Tournai (pl. IV), mais ce n'était là qu'une suggestion, une image naissante, au prix de l'œuvre grandiose accomplie par l'architecte des bords de l'Escaut.

II. — LES ÉGLISES GOTHIQUES.

La nef et le transept de Tournai firent éclore toute une école d'architecture religieuse caractérisée par ses tours et tourelles, ses galeries de circulation, ses « triplets », ou fenêtres formées de trois lancettes : à Tournai, Saint-Piat, un peu plus tard Saint-Nicolas (1231), Saint-Jacques (1209-1257) et l'église de la Madeleine (1251); à Audenarde Notre-Dame de Pamele (pl. VI), dont nous connaissons l'architecte, Arnoul de Binche, et qui fut commencée en 1234; à Gand, Saint-Nicolas. Et quand nous disons école, entendons qu'à travers les modifications successives de l'architecture ogivale les vieux souvenirs du XIIe siècle subsistaient toujours. Ils se répandirent dans toute la vallée de l'Escaut. On les trouve jusqu'en Zélande (Aardenburg, 1296) et encore à une date aussi tardive que le XIVe siècle dans l'église de Deynze.

Chose curieuse: un si long succès se trouva mis en échec dans la cathédrale même de Tournai : le chœur, élevé en 1242, sous l'évêque Walter de Marvis, rompait avec la tradition régionale (pl. VIII). Il avait le plan du chœur d'Amiens, il imitait par la disposition et la forme de ses cinq chapelles autour du déambulatoire, le profil de ses piliers et nervures, le chœur de Soissons (1212), il s'opposait par sa membrure énergique, sa majesté lumineuse, la finesse agile de ses lignes prédominantes, à l'aspect compact de la nef, voire du transept. Il était, purement français, français du Nord.

Exemple isolé. Partout ailleurs, les architectes belges hésitent, mêlent le passé au présent, font des combinaisons avec des emprunts variés à la France, de la Normandie à la Bourgogne, et retardent sur leurs modèles.

Même les Cisterciens n'ont pas, en Belgique, de style uniforme. Sans doute leurs églises : Orval (dernier quart du XIIe siècle), Villers (1210-1272), Aulne (commencée en 1214, transformée au XIVe siècle), les Dunes et Ter Doest (détruites au XVIe siècle), participent toutes à la sévérité architectonique, à la sobriété décorative qui caractérisent les édifices de l'ordre ; mais il n'y a entre elles aucune étroite parenté de style. Orval (aujourd'hui en ruines), avec les fenêtres en plein cintre de la nef, ses travées sexpartites à côté de travées barlongues, ses chapiteaux à feuillages romans à côté de chapiteaux à crochets, indique la transition. On admire au croisillon Nord le groupe des trois fenêtres en plein cintre surmonté d'un vigoureux *oculus* à huit lobes (pl. III) : c'était là un souvenir de Bourgogne (Pontigny, Vaux-de-Cernay) ; les moines y reconnaissaient leur pays d'origine.

De même, à Villers (pl. VII), ils s'étaient souvenus du chœur peu développé, du transept à chapelles de Morimond. Éclectiques, ils avaient emprunté à l'Ile-de-France les *oculi* circulaires du transept de leur église, à la Champagne les colonnettes qui surmontent les contreforts ou reçoivent la retombée des ogives ; archaïsants, ils restaient attachés à la voûte sexpartite ; fidèles à leur discipline, ils se contentaient d'une maigre décoration ; hésitants enfin et un peu timorés, ils s'étaient résignés à un triforium simulé qui n'est ni de pur ornement, ni de pure utilité, mais qui sert à obtenir les trois étages désirés. Tout cela fait à Villers une place à part dans l'architecture belge, une place qui est, malgré tout, la première, parce qu'il règne, d'un bout à l'autre de l'édifice, une magnifique unité, parce qu'en dépit de certaines timidités l'ordre et la raison s'y manifestent en rythmes pleins et harmonieux. L'influence de Villers ne s'étendit pas au delà du Brabant wallon.

Considérons maintenant les églises du centre de la Belgique. A Bruxelles, le chœur de Sainte-Gudule était en construction en 1226 (parties basses du chevet) (pl. VIII) ; il s'acheva dans le dernier quart du siècle. En même temps était commencé (1216) le chœur de Notre-Dame-de-la-Chapelle. Ici et là, les fenêtres du chevet sont composées de deux formes en arc brisé surmontées d'un *oculus*, le tout sous des voussures en plein cintre. Combien elles retardent ! Et pourtant, M. le chanoine Maere l'a montré, elles imitaient de près les fenêtres contemporaines des chœurs de Reims (celui-ci commencé en 1211) ou de Cambrai ; elles les accordaient seulement, par le tracé et la forme de l'arc brisé, à des modèles vieux de quarante ans, et il y a bien d'autres preuves de cette tendance réactionnaire.

Dans le chœur même de Sainte-Gudule, à partir du triforium, le style français a imposé son évolution. A l'extérieur (pl. VIII), le gâble des fenêtres hautes peut venir de Tournai, les arcs-boutants et les remplages semblent inspirés du chœur de Cambrai. Mais — c'est toujours M. Maere qui le remarque — comme elle est bien romane encore, la lourdeur qui caractérise cette grande œuvre, surtout dans ses parties anciennes ! La noblesse y est un peu sombre, la solennité un peu massive. Chaque fois qu'il faut un support, au lieu de se détailler comme en France, il se condense et se ramasse. Ainsi en est-il, par exemple, des piles cylindriques, simples ou doubles, engagées ou groupées. Le triforium eût été superbe sans la peur de l'alléger. Bref, il y a là encore de l'inexpérience, une réserve prudente, un art qui répugne à la liberté, à la légèreté, à la lumière et leur préfère, avec le maintien des traditions, sa robustesse provinciale.

Et, en vérité, passons en revue les principaux édifices religieux du XIIIe siècle : en Brabant, le chœur de Léau (1231) et l'église des Dominicains à Louvain (1230) ; en Flandre, le chœur de Saint-Martin d'Ypres (1221-1270), le chœur et la tour de Notre-Dame de Bruges ; vers l'Est, le chœur de Saint-Paul à Liége et Notre-Dame de Tongres (1240) : c'est toujours, ou peu s'en faut, à la même conclusion qu'on arrivera : les constructeurs aiment, avant tout, les masses pleines, les supports robustes'; la beauté leur paraît inséparable du poids et de la sévérité. Il y a des nuances assurément. On était bien plus près des modèles français à Saint-Martin d'Ypres qu'à Sainte-Gudule, les archaïsmes sont moins nombreux à Notre-Dame de Tongres (pl. IX) — édifice admirable pénétré d'influences normandes (Le Mans) — qu'à Villers ou dans les églises brabançonnes ; il n'en est pas moins vrai qu'une même retenue empêche l'architecture belge de donner à cette époque toute la mesure de son génie original.

Ou, du moins, ce génie s'exprime surtout d'une façon négative. Au xive siècle, les églises se complètent. L'évolution du style est bien marquée et toujours selon l'exemple de France (tracé des arcs, profil des moulures, développement des fleurons, remplages). Pourtant — et M. Paul Parent le fait justement observer — si l'on tend à amplifier l'espace, à donner l'impression du vaste, ce qui est bien propre aux églises belges, on le fait en augmentant la largeur de l'édifice, non la hauteur du vaisseau. De là, le peu de saillie des transepts, l'insertion habituelle des chapelles latérales entre les contreforts, avec leur suite de pignons triangulaires. Les arcs-boutants restent timides ou font défaut. Les tours, prévues ne seront généralement construites qu'au xve siècle.

De beaux monuments s'élèvent : Saint-Jean de Bois-le-Duc (1280-1330), d'une extrême richesse décorative, l'église d'Aerschot, dont l'architecte fut Jean Prickart (1337), Notre-Dame de Dinant, la nef de Saint-Rombaut à Malines (restaurée en 1342) et, par-dessus tout, Notre-Dame de Huy (1311), où l'on peut dire que les transformations de style ont été réalisées avec un bonheur inégalé (pl. IX). Ses beautés — notez la rosace, unique en Belgique — ne vont pourtant pas sans quelque sécheresse; il y a plus de goût que d'invention neuve et l'extérieur est pauvre.

Les architectes belges se trouvèrent plus à l'aise à la fin du xive siècle et au xve, quand le gothique français pencha vers son déclin. Leurs tendances natives se manifestèrent avec plus d'abandon. Il y eut des oppositions plus franches entre la distinction aristocratique du Midi et une certaine rusticité septentrionale, qui, du reste, n'était pas incompatible avec la grandeur. Tout cède alors au désir d'obtenir des effets par le jeu des masses. Ce fut une sorte de libération du classicisme.

Elle ne s'accomplit pas d'un seul coup. Le chœur de Notre-Dame de Hal (pl. X), consacré en 1409, présente encore l'essentiel de la clarté et de l'énergie françaises du xive siècle. Il est inspiré, pour le plan et la structure générale, de Saint-Ouen de Rouen (commencé en 1318). Malgré quelques gaucheries — le triforium, d'ailleurs exquis, forme obstacle devant la fenêtre, au lieu de paraître la prolonger — le vif élan de l'église normande s'y reflète. Au contraire, dans les parties tardives de l'église (1490-1467) : la nef, la façade au dedans et au dehors, on simplifie, on rend le travail plus facile, on dépouille les murs de leur fine ornementation. Le transept est supprimé, le triforium alourdi. L'idée maîtresse de l'architecte se traduit à l'extérieur par des pignons aigus et un haut soubassement supportant des baies immenses. Tout cela semble conduire le regard à la tour — la tour, vrai triomphe, comme nous le verrons, du génie flamand.

Innombrables sont les églises gothiques du XVe et du XVIe siècle. Nous ne ferons que mentionner les édifices à trois nefs de hauteur égale (*hallenkirchen*) qui se rencontrent dans la vallée de l'Escaut et la Flandre maritime, à Sainte-Croix de Liége, et dénotent une influence germanique. Les autres sont de type français. Schayes a décrit les plus intéressantes : le chœur de Saint-Sulpice de Diest (1416), à la riche ornementation, Notre-Dame d'Anvers, qui ne compte pas moins de trois collatéraux de chaque côté de la nef et dont la tour (pl. XI), chef-d'œuvre qu'achevèrent Rombaut Keldermans et Dominique de Waghemakere, ne fut terminée qu'en 1518, Saint-Rombaut de Malines (la tour est de 1452), Saint-Gommaire de Lierre (1425), Saint-Pierre de Louvain (1425-1497), Sainte-Waudru de Mons, Notre-Dame-du-Sablon, à Bruxelles deuxième moitié du XVe siècle), Saint-Bavon de Gand, enfin Saint-Jacques de Liége (pl. XII) qui, en plein XVIe siècle (1513-1538), tout envahie déjà par la décoration Renaissance, est sans doute la perle des églises belges de style flamboyant.

Comme supports, on continue d'employer les piliers prismatiques auxquels l'efflorescence flamboyante donne un caractère si pittoresque (Anvers), mais de préférence les piles cylindriques à chapiteaux octogones ; le vaisseau s'élargit encore, mais les voûtes, sur lesquelles le réseau des liernes et des tiercerons produit un grand effet décoratif (Saint-Jacques et Saint-Paul à Liége) ne perdent rien de leur élévation ; le triforium, d'habitude, reste bien apparent. Ainsi les églises belges, où ne s'était guère manifesté l'esprit français de verticalité ascensionnelle, évoluaient normalement vers une statique ample et toujours majestueuse. On ne peut parler de décadence. L'église de Saint-Hubert en Ardenne (1525-1538) est caractéristique à cet égard. A l'extérieur de ces édifices, le centre de la façade était occupé par une immense baie et un pignon qui correspondaient à la nef ; des deux côtés s'élevaient les tours, dont les contreforts angulaires, très saillants de la base au sommet (Sainte-Gudule, pl. XIII), conféraient à la façade son essentielle unité. Les étages, de plan carré, empruntaient de l'élan aux contreforts. Parfois, comme à Saint-Rombaut de Malines (pl. XIV), ils se superposaient en une vigoureuse ossature ; la tour, fortement liée au vaisseau par ses parties inférieures, s'isolait de lui à l'extrême par sa hauteur. Cela n'avait rien d'un jaillissement spontané, c'était comme une ascension opiniâtre et qui ressemblait un peu à une escalade. Là était vraiment le génie de la race.

Il est curieux que l'ornementation, dans ces églises, soit très restreinte. « L'architecture gothique des Pays-Bas au xvie siècle », dit M. Parent, « trouva son originalité dans un certain éclectisme, qui affecta extérieurement une grande simplicité, évita toute surcharge décorative et cantonna l'ornementation par arcatures, niches et dais à quelques surfaces déterminées bien en vue : pignons, portails, tours et flèches. »

Et pourtant nous sommes à une époque d'épanouissement de l'art national, à un moment où princes, nobles et bourgeois rivalisent de faste ostentatoire. En réalité, le désir d'effet, de parade, que traduit si bien la richesse ornementale, se manifesta dans le mobilier ecclésiastique : les autels, les tabernacles, les jubés (Louvain, Tessenderlco, Walcourt, Dixmude — ce dernier monument (pl. XV) détruit par la guerre —), les tombeaux (Bruges, Brou, que nous étudierons plus loin) ; il gagna les chapelles : celle de Notre-Dame-du-Sablon à Bruxelles, par exemple, et la chapelle du Saint-Sang à Bruges. Il y a là une véritable profusion de statuettes, de niches, de baldaquins fouillés et refouillés, de rinceaux agités, et l'on pourra trouver que c'est trop de luxuriance. « Gothique baroque », a-t-on dit : l'expression est très juste, puisqu'elle indique chez les Belges un amour passionné du mouvement et du pittoresque ; mais ce baroque est bien savoureux. Il en faut chercher l'origine, à n'en pas douter, dans l'architecture civile.

III. — L'ARCHITECTURE CIVILE (XIIe-XVIe SIÈCLES).

La maison de bois, type primitif des habitations bourgeoises, et qui se perpétua jusqu'à la Renaissance, le céda pourtant à la pierre, aux xie et xiie siècles, dans les régions où des carrières étaient exploitées ; ailleurs, vers le même temps et, en tout cas, au début du xiiie siècle, on utilisa la brique. C'est ainsi que des maisons romanes en pierre nous sont conservées à Tournai (rue Barre-Saint-Brice, rue Saint-Piat) et à Gand; qu'en Flandre, et particulièrement à Bruges, la maison de briques fut commune, à l'époque gothique. Dans le premier cas, les fenêtres à jours géminés séparés par une colonnette, se développent en largeur, le mur formant un bandeau entre leurs rangées : cette disposition rappelle l'architecture en bois ; dans le second, on se souvint de cette dernière pour les gâbles en auvent et les cintres trilobés quand on accusa le grand arc de décharge qui embrasse toute la façade; mais, en dessous, les fenêtres furent disposées en travées verticales : c'était le maçon qui, cette fois, imposait les lois de son métier. De toutes façons, on évite le carré massif, la demeure bourgeoise se présente en rectangle oblong ou en équerre, le pignon sur la rue. Ce pignon, depuis le XIIIe siècle, est à gradins.

Le système tournaisien gagne les villes de Gand (maison de l'Étape, pl. XVI) et de Lille ; c'est aussi la pierre qui donnera leur aspect massif aux maisons de la région wallonne. La brique, à Bruges et à Furnes, s'accommoda plus aisément du style gothique, qui aime la verticalité, sacrifie le plein au vide, le nu du mur aux ressauts. Les bandes en relief se multiplièrent, l'arc de décharge, au XVe siècle, se subdivisa, chaque fenêtre ayant sa décharge particulière; de là le décor si coloré, maçonné en relief, qu'on désigne sous le nom de « style brugeois » (pl. XVI). A Gand, sous l'influence de Tournai, l'architecture civile resta plutôt fidèle aux travées horizontales ; les types de ce genre y abondent. Le plus parfait est l'incomparable Maison des Bateliers, à la fois gothique et Renaissance (1531), sur le Quai aux Herbes (pl. XVII).

De la demeure bourgeoise ainsi conçue, développez les étages en largeur, une largeur que feront mesurer une rangée d'arcades basses, des alignements de fenêtres aux tracés hardis, aux lignes élégantes et dont aucune ornementation superflue ne retardera la fuite en perspective, vous aurez les Halles telles qu'on les fit au XIIIe siècle, les halles d'Ypres, par exemple, que la guerre détruisit et que la Belgique relève pour l'honneur de son passé (pl. XVIII). Le génie profond des villes flamandes, pur de toute imitation, éclate dans ce chef-d'œuvre d'architecture. Il fallait répondre à des besoins pratiques par des salles immenses. On agrandit, on organisa la maison bourgeoise ; un édifice s'engendra qui tenait du palais par sa masse imposante et du temple — disons même de la cathédrale — par sa fierté vive et harmonieuse. Le sublime s'allia au nécessaire, au matériel. Quelle image de la sensibilité artistique des Pays-Bas !

Ce qui précède vaut également pour les halles de Bruges (xiiie siècle) (pl. **XIX**), pour celles de Louvain, de Malines, de Diest (xive siècle), de Gand (1424). Ce qui est vrai des halles est vrai des beffrois qui les accompagnent (Tournai, Gand, xive siècle), quand ils ne les surmontent comme à Ypres et à Bruges. Le beffroi n'était-il pas le symbole des franchises de la cité ? Ne contenait-il pas le tocsin ? Et non loin s'éleva l'hôtel de ville.

Les Hôtels de ville se rattachent aux Halles et aux *Steenen*, ou maisons seigneuriales du Moyen Age, construits en pierre. On peut même dire qu'ils en procèdent. Ce sont les sanctuaires de la commune, c'est en eux que les bourgeois de Flandre et de Wallonie manifestèrent leur orgueil et firent la preuve de leur richesse. Dès la fin du xiiie siècle s'éleva l'hôtel de ville de Bruges. Celui de Bruxelles (pl. **XX**) fut commencé en 1402 par Jacques van Thienen (aile gauche). Jean van Ruysbroeck construisit la tour, ce chef-d'œuvre de structure délicate et robuste, fière et fine, en 1449 ; l'architecte de l'aile droite n'est pas connu. L'hôtel de ville de Louvain (1448-1463) (pl. **XXI**) eut pour maître d'œuvre Mathieu de Layens qui fut appelé aussi à revoir les plans de l'hôtel de ville de Mons (1458). On ne décrit pas l'hôtel de ville de Louvain, on résume simplement son caractère en disant qu'il est toute élégance et toute harmonie avec une prodigieuse ornementation. Gand eut sa maison communale, due à Rombaut Keldermans et Hermann de Waghemakere, en 1517 ; on l'acheva au xviie siècle. Elle représente, comme l'hôtel de ville d'Audenarde (architecte : Henri van Pede, de Bruxelles, 1527 ; pl. **XXII**), et avec sobriété d'ailleurs, le style flamboyant au terme de son évolution. Il faut citer encore l'hôtel de ville de Courtrai (1526), avec sa merveilleuse cheminée (pl. **LIII**), et celui de Léau, où s'indique franchement le style de la Renaissance.

La stabilité majestueuse de tous ces édifices était assurée à l'étage inférieur soit par une galerie aux puissantes arcades (Bruxelles), soit par un soubassement massif avec portail surélevé (Louvain) ; une sorte d'élan leur était communiqué par le tracé des baies, l'étroitesse des trumeaux, le saillant des contreforts, la verticalité constante des niches, clochetons, tours et tourelles. Le décor surabondait, mais il était finement détaillé, presque ciselé ; un goût très sûr l'avait subordonné à la structure et soumis à une ordonnance disciplinée. Louvain, à ce titre, offre un modèle insurpassé.

Nous aurons à citer plus loin d'autres édifices nés, comme les hôtels de ville, des institutions politiques et administratives de la cité ; mais revenons d'abord à ces *steenen* de pierre qui furent les premières demeures des princes et des nobles. A Gand se voit toujours le Château des Comtes de Flandre, élevé en 1180 par Philippe d'Alsace (pl. XXIII). Il représente ce qu'était une forteresse médiévale en pays de plaine et dans une ville qui, en prenant de l'importance, pouvait devenir agressive. La partie supérieure des courtines a été restaurée et l'on ne saurait affirmer que, çà et là, quelques erreurs n'ont pas été commises ; mais la masse de la construction et le donjon rectangulaire se présentent comme autrefois sous un aspect saisissant. Toute différente fut la restauration du château de Gérard le Diable, dans la même ville (XIIIe siècle): ce n'est plus un document que nous avons, pas même un souvenir.

Ailleurs, en Flandre comme en Wallonie, les anciens châteaux forts ont été détruits ou profondément modifiés. Celui de Bouillon, à la frontière de France, laisse encore reconnaître les dispositions que prenaient les architectes militaires lorsqu'il s'agissait de se défendre sur un éperon rocheux. A Ecaussines-Lalaing, des tours, une grande salle sont presque intactes (XIIIe siècle), et à Mons une chapelle castrale (XIIe siècle). Un peu partout des donjons, des tours se dressent encore, isolés ou incorporés à des constructions plus récentes.

Même les enceintes fortifiées ne se rappellent à nous que par des vestiges. Dès le XIVe siècle, on desserrait leur étreinte pour faire place à une population plus nombreuse. C'est de cette époque que datent plusieurs portes de Bruges et la porte de Hal à Bruxelles (1381). La porte du Rabot, à Gand (pl. XXIV), est de 1489. Sans doute l'emploi de l'artillerie avait rendu bien fragile la protection que les murs d'enceinte offraient aux bourgeois ; mais ils servaient toujours au maintien de l'ordre, on pouvait, en les modifiant, les rendre encore utiles, et, enfin, ils étaient toujours des symboles de la liberté communale.

Dans les villes, les *steenen* devinrent, à la fin du XVe siècle, des habitations plus largement ouvertes à l'air et à la lumière, tel l'hôtel Ravenstein, à Bruxelles (XVe-XVIe siècle) ; dans les campagnes, les châteaux forts furent peu à peu transformés en demeures agréables qui s'inspirèrent des constructions semblables de la France et de l'Italie. Pourtant, au XVIIe siècle, on aimait encore les faux ponts-levis, des façons de donjon, et, aux angles d'un château fait pour plaire, les grosses tours rondes se terminant par des toits en poivrière.

Revenons à l'architecture civile. De la maison patricienne sortirent, en même temps que les hôtels de ville, les « Greffes » où était rendue la justice. On connaît le Greffe du « Franc » à Bruges, et quiconque a visité Bruxelles s'est arrêté devant la Maison du Roi, ancienne Halle au pain reconstruite pour être le greffe entre 1515 et 1526. Les plans étaient d'Antoine Keldermans (vers 1450-1512). L'édifice actuel a été entièrement restauré.

Les hôtels de ville s'élevaient sur le « Marché ». Le greffe n'en était pas éloigné non plus que les Maisons des corporations, les hôtels des « nations », les Bourses (celle d'Anvers, gothique, remonte à 1515) ; en sorte que tous ces édifices baignaient, pour ainsi dire, dans le frémissement de la vie quotidienne. Il n'en était pas un où l'on n'eût visé à la richesse, une richesse qui s'exprimait par des combinaisons pittoresques d'architecture, des recherches ingénieuses de décoration. Chaque bourgeois considérait avec une fierté satisfaite de monuments qui reflétaient sa propre opulence et dont il pouvait penser qu'ils étaient un peu son œuvre. L'art était au cœur même du travail. C'est dans ces conditions que la Renaissance vint l'inviter à de nouveaux ouvrages.

Les peintres (Gossart, Van Orley) avaient donné le signal du ralliement à l'Italie. A partir de 1515 environ, tous les corps de métiers : tapissiers, huchiers, tailleurs de pierre, suivirent avec plus ou moins d'ensemble le mouvement. On introduisit partout des arabesques, des médaillons, des rinceaux, des colonnettes et des montants à balustres, ornements que l'architecture adopta pour les autels, les tabernacles, les cheminées (celles du Franc, à Bruges, 1528-1531, et de l'hôtel de ville de Courtrai, 1530 ; pl. LIII) et la décoration des édifices.

La Cour donnait l'exemple : le palais de Marguerite d'Autriche, à Malines (palais de Justice actuel), édifié par Guyot de Beauregard, date de 1517. Sous Érard de la Marck fut construit par Aert van Mulcken (1526) le palais des princes-évêques de Liége, gothique par ses fenêtres et ses travées verticales, italien par ses portiques (pl. XXV), dont les colonnes, d'ailleurs curieusement ornées et galbées, témoignent, croyons-nous, d'habitudes contractées dans les arts industriels et la décoration. Un moment vint où, sans faire violence à l'ordonnance des façades, à leurs travées horizontales, à leurs trumeaux étroits, à leurs croisillons, on remplaça les arcs en accolade et en anse de panier par des linteaux et le décor flamboyant par des arabesques : le Greffe du Franc à Bruges (1535-1537 ; pl. XXVI) le montre bien, de même que de nombreuses maisons construites à partir de 1530 environ (Maison des Bateliers à Gand, 1531 ; du Saumon à Malines, 1530-1534, et, à Malines encore, les Maisons de l'Enfant prodigue, des Diables, d'Adam et Ève (pl. XXVI), l'hôtel Busleyden, aujourd'hui le Mont-de-Piété). Aux pignons, les gradins, sans disparaître, le cédèrent de plus en plus à la volute, qui triompha définitivement vers 1630. La transition se marque à l'hôtel de ville de Furnes (1596-1612) (pl. XXVII).

Entre 1540 et 1550 commence l'engouement pour les grotesques. Inventés par Corneille Bos (1506 ou 1516-1565) et Corneille de Vriendt, dit Floris (1514 ou 1518-1575), Pierre Coecke (1502-1550) les adopta et eut pour disciple Hans Vredeman de Vries (mort après 1604), dont l'influence comme ornemaniste fut immense. Puis, l'italianisme s'affirma dans la structure, la composition architectonique.

Déjà Dubroeucq à Mons, et Lambert Lombard à Liége (portail septentrional de Saint-Jacques) s'étaient mis complètement à l'école des constructeurs d'outre-monts. Pierre Coecke avait lui-même contribué à ce mouvement en traduisant les *Règles d'architecture* de Serlio (1re éd. flamande, 1539). Corneille Floris lui-même, délaissant les grotesques, fit triompher l'architecture transalpine dans l'hôtel de ville d'Anvers (1561). On voit aux ailes de ce *palazzo* (pl. XXVIII) les pilastres de Leo Battista Alberti, au centre les alternances de colonnes et d'arcades selon Bramante, avec la superposition des ordres ; mais la silhouette de pignon au bâti central et le toit à lucarnes sont encore un souvenir persistant du passé. Sébastien van Noye, dans le palais Granvelle de Bruxelles (vers 1550 ; aujourd'hui Université), ne fut qu'un froid élève des Romains. Vredeman de Vries sauva la tradition flamande. « Son originalité », dit M. Parent, « fut de transformer en motifs architecturaux les arrangements décoratifs de Pierre Coecke... Il les fit servir en les réduisant à leurs lignes essentielles, à définir les contours des frontispices. » Il n'en fallait pas plus pour éliminer toute trace de servilité.

C'est ainsi que les maisons corporatives de la Grand'Place d'Anvers restent originales. Il en fut de même à Gand et à Bruxelles. Dans cette dernière ville, les maisons de la Grand'Place, qui furent reconstruites aussitôt après le bombardement de 1695 (pl. XXIX) et la plupart sur le modèle antérieur (milieu du XVIIe siècle), montrent assimilés, c'est-à-dire associés à de puissants effets pittoresques, les principes souverains de l'architecture italienne. Certains détails sont contestables, leur nombre entraîne de la surcharge, mais l'ensemble emporte l'admiration à force de verve et d'éclat. « La Grand'Place chante », dit M. Fierens-Gevaert, « la force, la richesse, l'ambition, l'allégresse populaire et bourgeoise d'un peuple épris de luxe, d'art et de liberté ».

IV. — L'ARCHITECTURE BAROQUE.

La Renaissance venue, le style gothique, toujours vivace dans l'architecture religieuse, se contamina d'éléments italiens. Puis vinrent les troubles politiques et religieux, qui s'achevèrent en Belgique par le triomphe de l'Espagne et du catholicisme et l'adoption du style dit « baroque ». Ce dernier mot n'a plus besoin d'être expliqué. Toute la question est de savoir comment le style des Vignole et des Giacomo della Porta, représenté par l'église romaine du « Gesù » (1575), allait agir et réagir en face du passé gothique dans les Pays-Bas méridionaux.

Celui-ci, nous l'avons vu, tendait au « vaste ». Il ne fut pas en cela contrarié car, dans toute église baroque, l'autel doit être bien visible, le prédicateur doit tenir sous son regard la masse de son auditoire. Le « vaste » fut donc encore augmenté par de l'espace libre. Pour cela on élargit autant que possible la nef et l'on rendit les bas-côtés encore plus étroits. Le style gothique finissant aimait, tout au moins dans certains monuments, la complication, le raffinement, la richesse ; le style baroque n'y contredisait pas, tout au contraire, mais ses principes architectoniques, sa méthode de composition décorative et ses motifs même d'ornementation allaient à l'encontre de la tradition. Il sortit de ces affinités et de ces oppositions un compromis qui est le « baroque belge » avec toute son originalité. L'évolution s'accomplit comme suit.

En 1583 fut élevé sur le modèle du « Gesù » le collège des Jésuites de Douai, et l'on put croire que c'en était fait de l'architecture gothique ; mais les plans avaient été envoyés de Rome, les architectes de la province belge n'y étaient pour rien. Les deux plus anciens, le Frère Henri Hoeimaker, de Tournai (1559-1626), et le Frère Jean du Blocq, de Mons (1583-1656), fils d'ouvriers tous deux, restèrent fidèles à la voûte ogivale. Le premier, à Tournai (chapelle du collège des Jésuites, aujourd'hui église du Séminaire, 1603 ; pl. XXX) et à Valenciennes (église Saint-Nicolas, 1601), adapta le style gothique aux circonstances et aux nécessités nouvelles : il se contenta d'introduire les motifs Renaissance dans la décoration. Le second, pour avoir composé des portails dans le goût transalpin avec des colonnes ioniques ou corinthiennes, des frises à rinceaux, des niches à coquilles, des frontons brisés (Noviciat des Jésuites à Tournai, 1608-1610 ; église du collège à Arras, 1613-1617 ; église Notre-Dame de Luxembourg, 1613-1618), pour avoir même admis les ailerons dans la façade et des doubleaux cintrés dans les voûtes (chapelle du lycée à Saint-Omer, 1629; pl. XXX), n'en restait pas moins, avec ses chevets polygonaux, ses ogives, ses remplages, un fidèle disciple de Hoeimaker. Ainsi les Jésuites s'avéraient comme des tenants obstinés du gothique dans les Pays-Bas. Au contraire, les architectes laïques, revenus de Rome, se donnaient tout entiers au baroque.

Wenceslas Cobergher (vers 1560-1634), l'homme qui bâtit les premiers Mont-de-Piété (Courtrai, Mons, Gand), au surplus peintre, numismate, ingénieur, élevait dès 1607, en pur style italien, l'église des Carmélites de Bruxelles (détruite). En 1609, il commençait la construction de Notre-Dame de Montaigu (pl. XXXI), église octogonale à collatéraux, que surmonta une énorme coupole. Ce n'est pas de Saint-Pierre de Rome qu'il s'inspirait, mais de certains plans de Serlio. L'ingénieur fut plus heureux que l'architecte, car la coupole tient, elle est superbe; mais la façade se raccorde mal au bâti principal, les supports, à l'intérieur, rétrécissent l'espace. Quant à la tour, isolée, faite d'étages sur plan carré (cf. le beffroi de Mons, de Ledoux, 1662-1664), d'un caractère bien traditionnel et qui lui fait grand honneur, elle ne fut pas achevée. En fait, Cobergher copiait les Italiens. Jacques Francart, son beau-frère (1583-1651) sut les naturaliser flamands.

Ceci apparut déjà dans l'église des Jésuites de Bruxelles (1602-1621). « Édifice gothique en habit baroque », a-t-on dit. C'est un éloge. Cela signifie comme l'ont bien montré M. Parent et M. Plantenga, qu'il avait plié à l'esprit flamand les apports de l'étranger. Son vaisseau grandiose se couvrait d'une voûte à doubleaux cintrés et à diagonales; dans la façade — tout cela ne nous est plus connu que par des dessins et des aquarelles — il contraignait les volutes, les colonnes, les frontons et tous les ornements au verticalisme; la tour, placée au chevet, comme il était de coutume alors, s'apparentait jusqu'à l'excès aux flèches déliées du xve-xvie siècle. Son chef-d'œuvre fut l'église des Augustins de Bruxelles (1621), dont la facade, faussement attribuée à Cobergher, sert aujourd'hui de frontispice à l'église de la Trinité (pl. XXXI). Là aussi, le verticalisme domine, mais avec une vigueur de relief, une clarté de composition dignes des plus beaux monuments italiens. Francart se surpassa peut-être encore dans la façade de l'église du Béguinage, à Malines, d'une puissance sculpturale vraiment unique.

Que pouvaient faire les architectes jésuites ? Ils sacrifièrent eux-mêmes au baroque et comptèrent, en ce genre, un maître de premier plan, le Frère Huyssens, de Bruges (1567-1637). La chapelle du collège des Jésuites à Maestricht l'avait fait connaître ; l'église Saint-Charles Borromée à Anvers (1615-1621) à laquelle collabora le P. Aguilon et pour laquelle Rubens peignit de grandes compositions (pl. XXXII), le rendit célèbre. Jamais encore un vaisseau n'avait montré cette ampleur, jamais encore on n'avait vu une aussi noble perspective que celle de ces deux étages de colonnades à la façon des palais italiens. La façade, un peu surchargée, un peu trop large, était à l'unisson du vaisseau; la tour s'amortissait avec une gracieuse hardiesse. A Namur (1621-1645), dans l'église devenue aujourd'hui Saint-Loup, l'architecte savant et original se révéla dans la voûte, ornée d'un berceau à lunettes, aux retombées délicates. A Gand, dans l'église Saint-Pierre, abbatiale, il développa le chœur — plan axial — et construisit une coupole, voire une coupole sur pendentifs, au-dessus de la partie antérieure de l'édifice. C'était là un plan inattendu, mais logique, que d'heureuses proportions rendaient harmonieux, et la façade peut se comparer, pour la vigueur et la sobriété, au chef-d'œuvre de Francart à Malines. Il dessina encore les plans de Bruges. « Pour nous », dit M. Plantenga, « Huyssens est le grand architecte du baroque brabançon ».

Comparé à lui, Hésius est lourd (façade de l'église de Louvain, 1650-1671). Lucas Faydherbe, architecte passable, est mauvais constructeur. Il s'inspira de Rubens pour les effets décoratifs (Leliendael, 1662) et de Mansart quand il éleva la coupole de Notre-Dame-d'Hanswyck, à Malines (commencée en 1663). Seul approche du niveau d'Huyssens le maître inconnu auquel on doit l'église Saint-Jean au Béguinage, de Bruxelles (1657-1677), puissante par son unité intérieure, originale entre toutes avec sa façade aux trois frontispices juxtaposés, son tenace verticalisme et sa tour brabançonne (pl. XXXIII).

Avant que le xviie siècle fût achevé, s'élevèrent encore à Bruxelles l'église des Riches Claires (transformée), Notre-Dame-de-Bon-Secours (par Jean Cortvrindt, 1673-1694), toutes deux pourvues d'une coupole, et, dans le Brabant, les quatre abbatiales norbertines de Ninove, de Grimberghen (œuvre de premier ordre par Van Zinnicq), d'Averbode et de Parc, près de Louvain. En quelque lieu qu'on aille d'ailleurs, dans le Brabant, le baroque apparaît comme un style national. A Bruxelles, rien de plus curieux que les portails d'innombrables maisons : les piédroits, profondément creusés, sont bordés de vigoureuses moulures arrondies, interrompus de larges bagues dont la succession régulière amène le regard au linteau, surmonté lui-même d'une haute imposte décorative. Que ceci est donc nerveux et retenu, solidement assujetti, mais heureux d'échapper, quand c'est possible, à la contrainte ! Le génie flamand, en dépit de l'antique, en dépit du siècle, torturait un peu la ligne droite quand il ne pouvait l'éviter. Aux pignons, les enroulements prennent la place des gradins et donnent aux vieilles rues leur inoubliable physionomie. Les coupoles se gonflent au-dessus de l'océan des toits, tandis que les tours et tourelles, dans le ciel clair ou la grisaille du brouillard, peuplent l'espace épandu sur la cité. Le baroque ici se mêle au gothique et s'accorde avec lui. Ils proclament ensemble la nature tenace et l'imagination généreuse du peuple flamand.

On chercherait en vain, dans le reste de la Belgique, un spectacle comparable. L'emploi de la brique, en Wallonie comme en Flandre, assurait le règne de la tradition, si bien que des maisons construites au milieu du xviie siècle, à Mons, à Liége (maison Curtius, aujourd'hui le Musée archéologique), gardent encore un aspect gothique. Elles ne s'en distinguent très apparemment que par la forme des baies et le profil à angle droit des croisillons.

V. — L'ARCHITECTURE NÉO-CLASSIQUE ET L'ARCHITECTURE MODERNE.

Dans les églises du xviiie siècle, soumises à la discipline antique, le souci du style ne fit pas toujours répudier totalement le passé (église des Minimes, à Bruxelles, terminée en 1763), mais il en vint à le priver de toute saveur (Notre-Dame-du-Finistère, achevée vers 1730, et surtout Saint-Jacques-du-Coudenberg, 1763). Il n'en fut pas autrement pour l'architecture civile. Sauf le « Cygne », toutes les maisons de la Grand'Place de Bruxelles ont résorbé, en quelque sorte, le style italien dans leur tradition séculaire. La Maison des Brasseurs, le « Duc de Brabant » (pl. XXXIV), toutes deux dues à Guillaume de Bruyn (1649-1719), montrent associés aux pilastres les cartels, balustres, vases et lucarnes familiers au style baroque. Les styles Louis XIII et Louis XIV n'eurent guère d'influence dans les provinces, sinon à Tournai, redevenue momentanément ville française. Plus tard, le Louis XV fut aimé pour ses rocailles, mais interprété, lui aussi, avec une grande liberté, une grâce provinciale très séduisante (maison d'Ansembourg, à Liége ; maisons et hôtels à Mons; palais du Roi, à Anvers, 1745). Il fallut l'antique, conçu d'une façon doctrinaire, pour « éteindre a passion du décor qui avait tourmenté l'art des Pays-Bas, de Lancelot Blondeel à Pastorana, et qu'avait encore exaspérée la vision rubénienne. » (P. Parent).

La beauté disparut-elle pour cela de l'architecture belge ? Non certes. Les monuments qui entourent ou avoisinent la Place royale et le Parc de Bruxelles en donneraient le démenti ; mais ces monuments — nous signalerons surtout l'ancien palais de Charles de Lorraine, aujourd'hui Bibliothèque royale (pl. XXXV) — dont un Français, Barnabé Guimard, fut l'ordonnateur et auxquels collaborèrent Montoyer, le Viennois Faulte, Dewez, ne faisaient que rendre plus évidente la rupture avec le passé. Ils se rattachaient à l'art français, interprète de l'antique, ils pouvaient témoigner de grand talent chez les maîtres qui les avaient construits, l'âme des générations disparues ne vibrait plus en eux. Et comme on s'en aperçut au XIXe siècle !

Laurent-Benoît Dewez (1731-1812), grand constructeur de châteaux (Seneffe en Hainaut), grand restaurateur d'abbayes et d'églises (Orval, Afflighem, Vlierbeek), fut le principal représentant du style néo-classique. Néo-classiques furent encore le Palais des Académies, bâti pour le prince d'Orange en 1823-1826, et le théâtre de la Monnaie (1827), à Bruxelles. En réalité, le goût italien régna sans partage jusque vers 1840 environ. A partir de cette date, l'architecture languit. Elle se réveilla entre 1870 et 1880 pour se vouer à l'effet en se servant d'éléments assez disparates. Les boulevards du centre, à Bruxelles, sont curieux à considérer de ce point de vue. L'individualisme triomphait, non l'originalité. Il en résultait un baroque d'un nouveau genre.

Au reste, grand désarroi. Les uns ne voient de salut que dans la Renaissance italienne : Cluysenaar (1811-1880), Suys (1813-1887), l'auteur de la Bourse de Bruxelles, puis — très grand parce qu'il appréciait les rythmes de la vie plus que la rigueur des doctrines — Balat (1818-1905), qui éleva le Musée des Beaux-Arts (1876). D'autres bousculaient les règles sans renoncer à la tradition académique et visaient au colossal : nous faisons surtout allusion à Poelaert (1817-1879), dont l'œuvre bien connue, le Palais de Justice de Bruxelles (1866-1883), écrase plus qu'elle ne transporte, mais à laquelle il faut rendre hommage quand on la prend pour troisième terme entre la ville qu'elle couronne et l'espace immense dans lequel on la voit s'élever (pl. XXXVI). Alors se fondait l'École Saint-Luc : au groupe des « classiques » s'opposait le groupe des « gothiques », bien rigoureux d'abord, mais qui finit par admettre au nombre de ses modèles inspirateurs tous les édifices de tradition belge antérieurs au baroque. C'était préparer la voie à un rapprochement où le sentiment devait se mêler à la théorie et où l'on communierait dans la même estime de la brique et de la pierre associées. En somme, toutes les imitations, tous les archaïsmes le cédaient à un modernisme archaïsant, agréable, mais assez timide. Etait-ce suffisant? Les faits répondent. Quand apparurent les innovations décoratives de l' « art nouveau », vers 1890, elles trouvèrent en Belgique des adeptes convaincus. Un grand artiste, Horta, en fit une application à la fois robuste et déliée, très personnelle, à l'architecture (Maison du Peuple, maison Wolfers, à Bruxelles) (pl. XXXVII). Et aujourd'hui qu'une tendance générale pousse les jeunes architectes à dépouiller les monuments de tout décor ou mouluration, à compter uniquement sur des rapports de volumes, il garde sa classique indépendance, sa composition animée, coloriste, avec des cadres et des reliefs énergiquement accusés. En Belgique comme partout, le passé demeure et l'avenir sollicite ; à cause des tâches proposées, si diverses, des matériaux agglutinés, souvent indispensables, le plus conservateur des architectes devient hardi, le plus audacieux devient prudent. L'activité est intense. Tous les espoirs sont permis.

LA SCULPTURE

I. — ÉPOQUES CAROLINGIENNE ET ROMANE.

Depuis le commencement du Ve siècle, date de la grande invasion barbare, jusqu'à l'époque romane, il n'y a plus trace de sculpture sur pierre en Belgique. C'est là un art qui a disparu. Des œuvres en laiton fondu qui comportaient des motifs animés en ronde-bosse (aigles-lutrins) existaient à la fin du Xe siècle au pays de Liége : des textes nous l'apprennent. Au pays de Liége encore, et dès la même époque probablement, on se mit à repousser des ornements et des figures dans des feuilles d'argent doré ; toutefois les plus anciens monuments de cette sorte que nous ayons conservés ne remontent pas plus haut que le XIe siècle. Enfin, l'ordre régnant, la richesse s'accroissant dans la vallée de la Meuse, grâce à Notger, comme on l'a vu plus haut, les ateliers monastiques, parmi lesquels brillaient au premier rang ceux de Stavelot et de Saint-Laurent à Liége, ne se bornèrent plus à enluminer des livres liturgiques ; ils surent encore sculpter des ivoires pour en faire des plats de reliures, des diptyques, des coffrets. On peut dire, en résumé, que, dans l'état actuel de nos connaissances, c'est par les ivoires mosans que commence l'histoire de la sculpture en Belgique.

Ils forment un groupe d'une dizaine de pièces qui se placent à la fin du Xe et dans la première moitié du XIe siècle (Liége, Londres, Tongres, Bruxelles, Namur, Essen, Berlin). Les deux plus anciens : l'ivoire de Notger, au Musée archéologique de Liége, et un ivoire d'Oxford, représentent le Christ en gloire dans un faire lisse et poli qui rappelle certaines pièces attribuées à Trèves ; mais les suivants, sans rompre avec eux, procèdent, à n'en pas douter, des ivoires que l'école de Metz avait répandus en Occident dès le IXe siècle (pl. XXXVIII). Comme à Metz, le sujet qu'on préfère est la *Crucifixion*, figurée au centre d'une composition serrée, aux personnages nombreux, aux registres étagés. Comme à Metz, voici des terrains ondulés, des allégories : l'Église et la Synagogue, la Terre et la Mer. Qu'est-ce donc qui est liégeois ? Ce sont les visages, allongés, non pas carrés, les corps frêles, bien moins agités qu'à Metz, tout en restant fort expressifs, une exécution qui détaillait finement chaque figure et en faisait un véritable travail en ronde-bosse ciselée (pl. XXXVIII). Dans certains cas (coffret de Namur) se perçoit une imitation manifeste de l'art antique.

On ne saurait exagérer l'importance de ce groupe, car on y trouve en germe la plus grande partie des caractères futurs de l'art mosan. Celui-ci se développa, vers la fin du xIe siècle, dans la miniature (Bible de Stavelot, 1097). Au début du xIIe siècle, entre 1107 et 1118, Renier de Huy, héritier d'une expérience dont les produits ont disparu, exécutait en laiton les fonts de Saint-Barthélemy de Liége, justement célèbres (pl. XXXIX) et, à vrai dire, le chef-d'œuvre de la sculpture occidentale à cette époque. Ils sont soutenus par douze bœufs (deux sont perdus) comme était la Mer d'airain du temple de Jérusalem. Sur la cuve cylindrique se succèdent en très haut relief des épisodes dont les principaux sont le Baptême du Christ et la Prédication de saint Jean-Baptiste. Ces reliefs sont une énigme, en ce sens que rien n'approche, dans le même temps de groupes composés avec tant de naturel, de figures aux attitudes si faciles et si variées, hardiment construites en dépit d'une certaine inexpérience et couvertes de draperies si amples, si dociles, qu'ici encore il faut évoquer l'an tique. Mais, en réalité, il n'y a d'énigmatique que le génie personnel, la science et l'habileté exceptionnelles du fondeur ; le reste, ce qui fait le caractère essentiel des personnages et de la composition, était contenu virtuellement dans l'art antérieur du pays liégeois, dans les ivoires, et, qui sait ? dans des œuvres en métal que nous avons perdues.

Ces caractères, les orfèvres — par quoi il faut entendre des artistes qui pratiquaient à la fois l'émaillerie champlevée, le repoussé, la ciselure et la fonte du laiton — les nuancèrent d'emprunts faits aux miniaturistes, de procédés depuis longtemps habituels dus au maniement du ciselet. Ce sont eux qui, de 1140 environ à 1230, représentèrent le plein épanouissement de l'art mosan. Pour ne considérer que la sculpture, les figures fondues ou ciselées, on peut dire que Godefroid de Claire (né à Huy vers 1100, mort vers 1175) et les orfèvres mosans ses contemporains galvanisèrent, en quelque sorte, les rangées d'Apôtres assis selon la coutume sous des arcades, le long des châsses (châsse de saint Héribert, à Deutz, vers 1160; pl.XL). C'est Nicolas de Verdun (mort à Tournai après 1205), le plus grand de tous qui, dans la châsse des Trois Rois à Cologne (1195-1196), la châsse de Notre-Dame à Tournai (1205), leur conféra par le maintien, l'attitude et le geste, par une charpente plus solide, une draperie plus riche et plus animée, un caractère d'énergie et d'intelligence encore inconnu (pl. XL). Et Hugo d'Oignies, dont les œuvres principales sont conservées au Trésor des Sœurs de Notre-Dame, à Namur (vers 1225), Sigefroid (même date approximative), l'auteur du calice de Borgo, en Finlande, sont bien les élèves de Nicolas de Verdun. L'influence de ce dernier est encore visible dans la châsse de saint Éleuthère, à Tournai (1247). Toutefois depuis 1220 environ, le style monumental, foncièrement français, modifiait les caractères de l'orfèvrerie mosane. Il lui avait dû plus d'une heureuse inspiration ; à l'heure où nous sommes il lui imposait sa discipline. Il triompha de toutes les résistances, de tous les regrets. La châsse de saint Remacle, à Stavelot (vers 1275), est un aveu d'impuissance contre l'engouement général. Le triptyque de Floreffe, au Louvre (vers 1254), et la châsse de sainte Gertrude à Nivelles, commencée en 1272 (pl. XLI), indiquent bien que c'en est fait des traditions romanes dans la vallée de la Meuse. Mais nous n'avons pas encore parlé des sculpteurs proprement dits.

Précédés par les ivoiriers, éclipsés par les orfèvres-ciseleurs, ils n'en représentaient pas moins l'art auquel le plus fécond avenir était promis. Ils apparaissent tard. Dans la seconde moitié du XIIᵉ siècle, ils formaient à Maestricht un ou plusieurs ateliers qui exécutèrent des bas-reliefs groupés à l'origine dans les régions de la Basse-Meuse, à Maestricht (tympan de Saint-Servais et autres), à Odilienberg (*Apôtres*, aujourd'hui au Musée d'Amsterdam), à Liége (*Vierge* dite de Dom Rupert et linteau avec médaillons allégoriques, au Musée archéologique). A vrai dire, ces bas-reliefs diffèrent assez sensiblement des figures ciselées par les orfèvres. Cela tient, avant tout, au traitement des draperies, d'un faire plus symétrique, plus linéaire, avec des arrangements, des flottements conventionnels (bords agités des tuniques) que le ciseleur ignorait. On sent que des influences venues de l'étranger — de la France peut-être, plutôt que de l'Allemagne — les ont en partie déterminés.

Mais des indices certains (cadres profonds et en creux, aux moulures caractéristiques, que déborde la tête des personnages) les rattachent aux ivoires
du XIe siècle. De plus, les types ont un caractère mosan incontestable. Il n'y
a donc pas lieu, tout en reconnaissant qu'ils ont une physionomie particulière,
de les séparer des produits de l'art industriel. Ajoutons que parmi eux il est
en chef-d'œuvre : la *Vierge* de Dom Rupert (1150-1175) (pl. XLI), où les
suggestions byzantines se marient à la plus sincère, à la plus neuve interpré-
tation de la tendresse maternelle.

On voudrait pouvoir comparer à ces reliefs ceux de Huy (église Saint-Maur)
et de Dinant (église Notre-Dame), mais ils sont presque entièrement détruits.
Les fragments conservés dans la crypte de Sainte-Gertrude, à Nivelles, pa-
raissent leur être apparentés; mais très différents, dans la même ville, sont le
tympan et les piédroits de la porte Samson (XIIe siècle), offrant des épisodes
de la vie du héros juif : rudes sculptures d'un modelé sommaire et qui semble
attendre la couleur; c'était apparemment l'œuvre d'un atelier régional. A Tournai, dans la porte Mantile au transept Nord de la cathédrale (vers 1175; deux
autres portails sont presque complètement détruits), des épisodes de la vie
de David, les Vertus et les Vices, témoignent aussi d'une technique tout oppo-
sée à celle de Maestricht. Autant celle-ci rappelle les caprices du pinceau,
autant celle-là évoque des idées de gravure superficielle et de ciselure. Les types
ont des proportions, des attitudes, des draperies d'un autre caractère.
Comme en France, le sculpteur raconte et dramatise, il associe les figures et
les sujets en vue d'un ensemble d'idées systématiques. Le monument qu'il
décore lui permet de hautes ambitions : il accorde étroitement son œuvre au
monument.

Les sculptures conservées à l'abbaye de Saint-Bavon, à Gand (légende de
saint Bavon?), d'un faire un peu mou, restent isolées. En réalité, c'est par des
œuvres secondaires, de caractère industriel, les fonts baptismaux, qu'on perçoit
le mieux les oppositions entre la sculpture mosane et la sculpture tournaisienne,
de même que les nuances qui les rapprochent l'une de l'autre. Les fonts baptismaux qui existent encore dans les provinces de Liége et de Namur sont ornés de
rinceaux et de têtes en relief; le caractère en est rhéno-mosan, tandis que dans les
fonts de Tournai les figures, les récits épisodiques abondent : voilà la différence
essentielle. Au fond, la limite qui les sépare coïncide à peu près avec la limite

des deux écoles d'architecture, mais il y a des pénétrations mutuelles particulièrement sensibles dans la province de Hainaut (bas-reliefs de Maredsous). De
quelque région qu'il s'agisse, peu de sculpture monumentale. Aux tympans
que nous avons énumérés on ne peut guère ajouter que les chapiteaux de Saint-
Servais de Maestricht (dernier quart du xiie siècle) et ceux de la nef de Tournai
(vers 1170), également remarquables par leur riche décoration végétale, mais
pauvres en figures. Cette carence relative se fera sentir pendant toute l'époque
gothique.

II. — ÉPOQUE GOTHIQUE.

Peu nombreux, en effet, furent les portails sculptés au xiiie siècle (Saint-
Servais à Maestricht, avant 1250 ; Saint-Lambert à Liége, détruit). Au xive,
on rencontre les *Apôtres* du portail occidental de Tournai, bon travail sans
originalité particulière, le tympan de l'hôpital Saint-Jean à Bruges (vers 1350),
et, de la même veine expressive, épisodique, le portail méridional de Notre-
Dame de Huy (deuxième moitié du siècle). Ce dernier est assurément le plus
intéressant. Peu ferme d'exécution, il est curieusement composé. Les figures y
manquent de charpente et de musculature; par contre, les draperies abondantes
aux plis profonds, s'animent agréablement des jeux de l'ombre et de la
lumière; le sculpteur sait traduire le récit (Nativité, Adoration des Mages)
avec du goût, de la saveur.

Les mêmes caractères distinguent le groupe bien connu de Saint-Jacques, à
Liége : le *Couronnement de Marie* (après le milieu du xive siècle). Il est vrai
que les visages sont assez dénués d'expression, mais la majesté du siècle précédent y subsiste et la draperie, encore une fois, pour un peu conventionnels que soient les plis, fait un ensemble coloré de très grand effet. Sculpture
d'inspiration française, à n'en pas douter, originale pourtant par sa technique.
M. Raymond Koechlin, jugeant d'ensemble la sculpture belge des xiiie et
xive siècles, estime qu'elle ne se distingue par aucun trait essentiel de la
sculpture française contemporaine. Cela est vrai, mais d'autant plus impor-
tantes seront ses nuances particulières.

Si, par exemple, nous considérons les statues isolées de cette époque au pays mosan, nous y trouverons des interprétations parfois un peu gauches, mais très claires et très éloquentes du style monumental : *Vierge* assise (pl. XLII) et *Calvaire* de l'église Saint-Jean, à Liège (xiiie siècle); *Vierge douloureuse* (xiiie siècle) et deux *Évangélistes* (xive siècle), au Musée diocésain de Liége ; (pl. XLII) ; des influences du maniérisme germanique : *Vierges* de l'église Saint-Pholien et de l'église Saint-Servais, dans la même ville (xvie siècle); enfin, les préoccupations coloristes que nous signalions déjà dans le *Couronnement* de Saint-Jacques. L'influence directe de la France détermine le caractère des figures à Tournai (*Vierge* de la cathédrale, xive-xve siècle ; *Vierge* en marbre du Musée du Cinquantenaire de Bruxelles, xive siècle). En Brabant, le style, au xiiie siècle, est linéaire, calligraphique (*Vierges* de Saint-Pierre à Louvain, d'Alsemberg, de Laeken) avec, dans certains cas, une conception de la forme et un sentiment du pathétique qui rappelle l'Allemagne (*Tête de Christ*, à l'église Saint-Pierre de Louvain). Au xive siècle, il s'alourdit dans des proportions courtes et des draperies épaisses (*Vierge* du portail occidental de Notre-Dame de Hal, *Couronnement de la Vierge* au portail Sud de la même église). Matière grasse, faire nuancé, mais un peu lourd, c'est là un caractère assez général dans la statuaire belge du xive siècle.

En aucun endroit, on ne discerne, M. Koechlin l'a fait justement remarquer, une tendance particulièrement marquée au réalisme, par laquelle s'explique, rait l'œuvre d'un Claus Sluter à la fin du siècle. Il ne suit pas de là, cependant que les sculpteurs flamands n'aient pas été destinés par leur génie natif à aimer et à traduire la vérité immédiate ; cela signifie seulement que le génie d'une race ne se manifeste dans l'art qu'aux époques de rayonnement et d'indépendance. D'ailleurs, à ce point de vue, la sculpture retarde sur la peinture.

Tandis que Flamands, Wallons, Hollandais devenaient en Bourgogne, à partir de 1390 environ, les meilleurs ouvriers du réalisme, deux tendances, en Belgique, se développaient parallèlement : l'une conservatrice et traditionnelle, l'autre spontanément novatrice.

La première domine dans l'art qui fournit à la piété des images dont un long passé a, en quelque sorte, fixé l'aspect. Le réalisme procède du style monumental et s'y révèle par des caractères généraux, non individuels : tels sont les *Apôtres* au premier étage du chœur de Notre-Dame de Hal (pl. XLIII), dont l'énergie morale est traduite par des visages héroïques, aux traits taillés rudement : c'est, au début du xve siècle, l'âme de Donatello exprimée dans un métier flamand, mais d'une façon très incomplète, car les draperies restent obstinément archaïsantes, gothiques. Au tabernacle de la même église, le maître de la *Sainte Cène* (1409) jette des types du siècle précédent dans une action dramatique, mais il ne les transforme pas, il les dispose pour l'effet plus que pour la vérité. Enfin, toujours à Hal (vers 1400), la *Madone* du portail méridional (pl. XLIII), tout de même qu'à Courtrai la *Sainte Catherine* de l'église Notre-Dame (fin du xive siècle) ne répudient pas les conventions maniéristes : elles les accommodent seulement à des sentiments et à un caractère mieux définis. Que de Vierges, de saints et de saintes analogues en Belgique aux xive et xve siècles ! Il nous suffira de citer les *Vierges* de la cathédrale d'Anvers (marbre) et de Saint-Jacques à Louvain (bois), les *Apôtres* abrités dans la crypte de Saint-Gertrude, à Nivelles. Les belles œuvres ne manquent pas, mais le réalisme s'y contamine de maniérisme, parfois de préciosité, et l'originalité belge s'y manifeste surtout par le métier.

Il en va un peu de même pour la sculpture funéraire. Les gisants du xiiie siècle sont classiques, qu'il s'agisse d'une dalle surélevée comme au tombeau de Thierry de Houffalize (1284, église de Houffalize) ou d'un mausolée cubique, comme ceux des ducs de Louvain (église Saint-Pierre et église des Dominicains à Louvain, xiiie siècle). On sait que, plus tard, au xive siècle, les tombiers Jean Pépin de Huy, André Beauneveu, Jean de Liége — pour ne pas parler de Jacques de Baerze, qui exécuta deux rétables à la Chartreuse de Dijon entre 1390 et 1399 — ne furent pas, en France où ils travaillaient, des artistes indociles à la coutume. La gisante Isabelle de Bourbon (bronze, 1465), à la cathédrale d'Anvers, n'a rien d'un portrait. Pas une fois on n'a rencontré sur un mausolée, en Belgique, un vrai cortège de funérailles comme en Bourgogne : ce qu'on représente aux flancs du tombeau, ce sont des figures rappelant le haut lignage, les nobles alliances du défunt. Enfin, chez les sculpteurs tournaisiens, dont les mausolées et monuments votifs furent si nombreux de 1375 à 1475 environ, l'action est suggérée par la présence des personnages et non pas reproduite dans sa vivacité immédiate. Les sujets sont peu nombreux et composés d'après des patrons accoutumés. Parmi tant de monuments, il n'y en a guère qu'un où les personnages essaient de vivre sous nos yeux une heure dramatique : c'est le tombeau du Frère Jean Fiévez (1425), au Musée du Cinquantenaire de

Bruxelles (pl. XLIV), avec ses moines attristés, ses deux pleurants, réunis autour de la couche funèbre de celui qui les a quittés.

S'il en est ainsi, où sera donc la seconde tendance, celle qui conduit au réalisme ? Elle sera, répondrons-nous, dans toutes les œuvres où le souci prédominant de la décoration permettra d'en prendre plus à l'aise avec la discipline monumentale et les règles des convenances religieuses, dans toutes celles encore où la scène à interpréter sollicitera la verve et l'esprit populaires. Et le réalisme en sortira sous les aspects les plus variés.

Aux écoinçons de la chapelle comtale à Courtrai (fin du XIVe siècle) et un peu plus tard, aux alentours de 1400, dans les écoinçons du déambulatoire à Notre-Dame de Hal, on peut voir tout ce que les types décoratifs : Vierges, anges, saints et saintes, rois, guerriers, fols, acquirent peu à peu de vérité contemporaine en dépit d'un certain maniérisme. A Hal, le maître qui, parmi les sujets nommés ci-dessus, sculpta la légende des Trois Morts et des Trois Vifs se laisse aller à son génie, il s'exprime avec une dramatique violence. C'est ainsi que Claus Sluter, à Dijon, avait bondi, d'un coup, loin de ses contemporains. Dès lors, l'élan qui emporte la sculpture décorative est irrésistible. Puisqu'on décore, il faut décorer avec du mouvement, du feu, de la fantaisie ; on raconte : il faut que le récit ait de l'action, du charme, de l'esprit. Quand furent édifiés les hôtels de ville de Bruxelles et de Louvain (**première moitié du XVe siècle**), la verve des imagiers se donna carrière. Plus de gêne ici, à aucun titre. Il s'agissait d'« illustrer », aux culots des arcades, des scènes de la vie populaire, des proverbes, thèmes propices aux souvenirs précis autant qu'aux inspirations jaillissantes, et ce furent des chefs-d'œuvre où étaient unis, dans une décoration admirablement appropriée à son objet, l'esprit caustique, l'imagination vive, pittoresque et la bonhomie joyeusement débridée des ouvriers brabançons. De la même veine procèdent les groupes animés, variés, amusants, souvent audacieux, des « miséricordes » dans les stalles du XVe et du XVIe siècle (Diest, Aerschot, Louvain, XVe siècle ; Walcourt, Hoogstraeten, XVIe siècle). Le rire y est sonore, la grimace franche, la verve drue, la plaisanterie y tourne souvent à la farce, une farce un peu épaisse. Mais quelle exubérance saine, au fond, et quel métier facile !

Ce n'est là, d'ailleurs, qu'une forme du réalisme flamand. Il en est une autre, toute faite de grâce fière et de délicatesse, qui s'associe partout à la première

en lui imposant une sage retenue. De la fin du xive siècle date le retable de
Haekendover, près de Tirlemont (bois autrefois polychromé), où se trouve
racontée la légende de l'église Saint-Sauveur, qui fut construite où elle est
grâce à l'intervention des anges. On y voit (pl. XLV) les trois nobles damoiselles, qui firent don de l'édifice, opposées de scène en scène aux maçons qui
le bâtirent : d'un côté, le port, la démarche, le costume des grandes dames du
temps, une élégance naturelle que la sainteté pare d'une décence suprême ; de
l'autre, la robuste simplicité des ouvriers qui, divers de physionomie ou d'al-
lures, regardent, travaillent, se reposent, reçoivent leur salaire, tableaux
toujours changeants et saisissants de vérité. Ainsi la réalité franche qui enva-
hissait alors la miniature et les retables peints exerçait aussi son attirance sur
la sculpture. Le retable de Haekendover n'était pas le premier de son genre;
ceux qui le suivirent étaient imbus du même esprit.

Il faut remarquer, du reste, que l'influence des grands peintres, à partir de
1450, devient de plus en plus appréciable. Elle confère aux statues une liberté,
une aisance, un naturel tout nouveaux, elle anime les figures et les groupes,
même dans le style monumental (pl. XLVI), de sentiments vrais, profonds,
exprimés avec une grande noblesse ou une grande intensité dramatique. Et
ailleurs, quelle renaissance de sincérité ! Une statuette en bois de *Sainte Madeleine*, au Musée du Cinquantenaire (pl. XLVII), est comparable, pour ce
qu'elle contient de simple grandeur, aux créations de Van der Goes et de
Memlinc ; une série de *Pâmoisons de la Vierge*, de *Dépositions de croix*, au
même musée, rappellent invinciblement les pathétiques compositions de Van
der Weyden ; une *Annonciation* (même musée ; pl. XLVII), un *Père éternel
parmi les anges*, fragments de retables, sont des poèmes d'intimité, de douceur,
de majesté ; le *Christ au Calvaire* (Musée du Cinquantenaire et église Notre-
Dame de Tongres) devient une tragique image de douleur et de miséricorde.

A l'instant donc où l'on constate en France une sorte de « détente » dans
la statuaire, où l'émotion, la pitié, les larmes transforment le caractère de l'art
tout entier, la noblesse et le pathétique conquièrent le cœur et l'imagination
des sculpteurs belges, sans leur enlever le goût de la naïveté populaire, l'amour
du mouvement pittoresque. Ce sont ces qualités intimement associées qui font
l'originalité des retables en bois sculpté, si nombreux depuis le milieu du
xve siècle jusqu'à la Renaissance, exécutés à Bruxelles et à Anvers.

De 1470 environ date celui de Claude de Villa et Gentine Solaro (Musée du Cinquantenaire), rutilant d'or et de couleurs. En 1493, le plus célèbre des huchiers bruxellois, Jean Borman, achevait le retable non polychromé du *Martyre de saint Georges* (même musée; pl. XLVIII); il déborde d'animation; les figures sympathiques n'y font pas défaut, mais ce saint Georges qui subit placidement toutes les tortures ne paraît être guère autre chose qu'un prétexte pour assembler autour de lui une foule bigarrée de juges et de bourreaux, de comparses dépenaillés, de spectateurs avantageux. Il y a là des costumes et des coiffures mirifiques, des manteaux somptueux et des pourpoints en loques, des armes formidables, de multiples accessoires. Et quel mouvement, quelle couleur dans le métier le plus sûr ! Jean Borman manifestait encore toute sa verve réaliste dans le retable de Gustrow en 1522.

A la même époque, les huchiers d'Anvers groupent dans des compositions très expressives des personnages rudement taillés à angles vifs, portés à la gesticulation, à la grimace et rehaussés d'une polychromie un peu criarde (retable d'Oplinter, Musée du Cinquantenaire) ; la contre-partie est fournie par des figures dramatiques, parfois émouvantes.

Plus on avance, d'ailleurs, plus se perçoit l'influence de la peinture et de nobles métiers comme la gravure et la tapisserie. A Bruxelles particulièrement, pendant le premier tiers du XVIe siècle, le souci de la réalité se corrige d'un goût évident pour la beauté idéale. Pasquier Borman, inférieur à son père en ce qui regarde le talent, adoucit dans le retable d'Herenthals le réalisme accoutumé. Le maître inconnu du retable d'Auderghem (Musée du Cinquantenaire) représente *La Famille de sainte Anne* (pl. XLIX) avec une candeur, une fraîcheur délicieuses, dans une atmosphère d'intimité domestique. Faut-il l'identifier avec le maître du retable de Lombeek-Notre-Dame (vers 1520) (pl. L) ? Peut-être. En tout cas, sur l'une et l'autre de ces œuvres, de même que sur un retable de Villers-la-Ville (1538), sur le retable de Saluces (Hôtel de ville de Bruxelles) et d'autres qui se trouvent en Suède — on sait que nombre de retables de Bruxelles et d'Anvers furent exportés en ce pays, — un souffle de charme et de tendresse a passé qui annonce la Renaissance.

Des observations analogues peuvent être faites dans les stalles du XVIe siècle : celles de Sainte-Gertrude à Louvain (pl. LI), par Mathys de Wayere et son atelier (1538-1543), celles d'Hoogstraeten (1531-1548). La sculpture funéraire avait secoué dès le xvᵉ siècle son suaire gothique. Si le gisant n'était pas toujours devenu un portrait, les figures, aux flancs du mausolée, avaient du moins revêtu, avec une grâce, une vérité, une coquetterie sans pareilles, le costume du temps : on rappellera ici les jolies statuettes en bronze du Musée d'Amsterdam dans lesquelles on découvre généralement l'œuvre de Jean Delmer (modeleur) et de Jacques de Gérines (fondeur) exécutées en 1455 pour le tombeau de Louis de Mâle, à Lille. Les angelots de cuivre doré qui volettent avec une grâce exquise sur le tombeau de Marie de Bourgogne à Notre-Dame de Bruges, furent exécutés par Pierre de Beckere entre 1495 et 1502 ; ils contiennent déjà toute la vision mystique, tout le génie décoratif de l'art flamand. La tradition et les nouveautés, les conventions et le réalisme sont associés dans d'autres œuvres en laiton : les fonts baptismaux de Hal, par Guillaume Lefèvre, de Tournai (1446), les fonts de Bois-le-Duc, par Aert van Tricht (1492). La pierre elle-même s'éveille à une beauté rajeunie. Avant que le gothique fût répudié, l'atelier brabançon de Louis van Boghem exécutait (1516-1522) la petite statuaire des trois tombeaux de Brou (tombeaux de Marguerite de Bourbon, de Philibert le Beau et de Marguerite d'Autriche) dans un « naturalisme exquis, pas trop appuyé, une gentillesse élégante », selon les expressions si justes de M. Nodet, mêlant la préciosité à la bonhomie, plus soucieuse d'invention pittoresque que de distinction raffinée, une gentillesse bien flamande, en somme, et qui résumait toutes les tendances de l'art aux Pays-Bas, alors que le Moyen Age finissait (pl. LII).

III. — Renaissance et temps modernes.

De fait, les petites figures de Brou sont inséparables, à quelques exceptions près, de la tradition brabançonne. Il n'en est plus de même des gisants que Conrad Meit exécuta, de 1526 à 1531, au tombeau encore incomplet de Marguerite d'Autriche. Conrad Meit, de Worms, devenu Malinois par adoption et sculpteur attitré de la gouvernante des Pays-Bas, incarne l'esprit de la Renaissance déjà assimilé par le génie septentrional, ce qu'on pourrait appeler « l'esprit de Malines », car, en Belgique, c'est de Malines que rayonne tout d'abord l'influence transalpine. Marguerite d'Autriche, tante de Charles-Quint·

aime et protège les artistes italianisants, quelque métier qu'ils exercent. Conrad Meit, chargé par elle de la représenter en même temps que Philibert le Beau dans leur tombeau à double étage, s'acquitta de sa tâche avec une sobre et forte éloquence. Outre les gisants, il sculpta aussi des Amours joufflus, purement décoratifs, les mêmes Amours à l'italienne que Lancelot Blondeel utilisa aussi pour l'ornement de la cheminée du Franc à Bruges (1528-1531) (pl. LIII), en sorte qu'il n'est pas téméraire de supposer une liaison assez étroite entre ce dernier artiste et le groupe malinois. Mais Blondeel, qui fit les dessins de la cheminée et eut de bons collaborateurs pour les réaliser, — le principal était Guyot de Beaugrant, — ne sut introduire logiquement la statuaire dans une composition développée sur un seul plan comme un frontispice. Les figures en ronde-bosse par lesquelles était célébrée la gloire de la maison impériale, Charles-Quint, Maximilien et Marie de Bourgogne, Ferdinand d'Aragon et Isabelle de Castille, sont isolées dans du vide, ce qui choque d'autant plus que les entourages sont couverts jusqu'à la surcharge de rinceaux et d'armoiries. L'artiste veut trop dire, le sculpteur en lui n'oublie pas assez le peintre; il paraît touffu et un peu embarrassé.

Son contemporain Jean Mone, originaire de Metz, ne lui ressemble pas. Très fécond — c'est à lui qu'on attribue aujourd'hui, outre le retable bien connu de *Saint Martin* à l'église de Hal (1533), le retable de la chapelle Maes à Sainte-Gudule, les tombeaux d'Antoine de Lalaing à Hoogstraeten et de Charles de Lalaing à Douai (tous deux vers 1530), de Guillaume de Croy à Enghien et de Maximilien de Hornes à Braine-le-Château (pl. LIV), — il donne l'impression d'avoir compris l'Italie sans effort, par la seule grâce de sa nature. Nous devinons ses modèles, mais ce sont ces modèles qui semblent aller vers lui et l'envahir' tant son italianisme est facile; non pas que le passé périsse en ses œuvres: on a remarqué souvent la superposition régulière, symétrique, de ses panneaux au retable de Hal, l'habitude qu'il conserve des structures pyramidantes et de la composition sur un seul plan; mais ses bas-reliefs d'albâtre, si pleins de charme et de naturel, ses figures détendues dans le muscle, ennoblies par l'attitude et le geste, son art, qui vise au mouvement et à l'expression sans cesser d'être dominé par l'ordre et la préoccupation d'une juste mesure, tout cela, par quoi se dénote un caractère personnel, le prédestinait à une imitation à la fois libre et docile de la beauté classique.

Il était simple et spontané. Jacques Dubroeucq, de Mons (1505-1584), s'applique au contraire et se travaille pour égaler, sinon surpasser, ses maîtres. Son œuvre principale est le jubé de Sainte-Waudru, à Mons (pl. LV), démoli en 1797, mais dont les fragments les plus importants nous restent. Constructeur, il relève de Sansovino; dans ses médaillons d'albâtre (*La Genèse, La Passion*), il évoque successivement Jacopo della Quercia, Ghiberti, Raphaël, sur lesquels il raffine, nous semble-t-il, en allongeant les proportions, en détaillant savamment l'anatomie et les draperies. Malheureusement, son faire est mou, ses figures n'évitent pas l'affectation et manquent de stabilité. Elles flottent et, visant à l'effet, manquent le pathétique. Même dans ses statues, il fut victime d'une recherche nourrie de préoccupations abstraites. Gardons-nous cependant d'estimer trop peu son œuvre : il fut le seul des sculpteurs belges du XVIe siècle qui osât renoncer aux étages et aux niches, créer une statuaire de grandes dimensions à l'exemple des Italiens et l'introduire dans une construction monumentale.

Devant une telle tâche, Corneille Floris recula. Son rôle, capital dans la décoration, fut médiocre dans la sculpture proprement dite. Le tabernacle de Léau, qu'il termina en 1552, a bien plus d'importance, à ce point de vue, par ses cariatides de type antique, interprétées dans la robustesse flamande, que par ses multiples scènes dans des niches. Au jubé de la cathédrale de Tournai (1568-1575), Floris s'essaie au bas-relief monumental; il y reste décorateur, de la même façon que dans ses tombeaux et ses épitaphes : il était avant tout un architecte et un ornemaniste.

Alexandre Colin, de Malines (1527 ou 1529-1612), l'auteur du tombeau de l'empereur Maximilien à Innsbruck, échappe à l'art belge, de même que Jean Bologne, né à Douai (1524), élève de Dubroeucq, mais dès 1554 transplanté en Italie. En réalité, il faut atteindre au XVIIe siècle pour savoir ce que l'Italie et l'antiquité feront définitivement de la sculpture belge, vouée par définition à leur étude, à leur culte, mais incapable de se dépouiller jamais de ses tendances originelles.

François Duquesnoy (1594-1642) arrive à Rome en 1618 ; Titien le transporte et aussi l'Albane, son contemporain : il crée d'après eux des types d'enfants et d'Amours qu'on proclame adorables ; mais Poussin lui a fait comprendre l'antique et l'antique l'enivre ; son art se fortifie et s'élève : il sera l'immortel auteur de la *Sainte Suzanne* de Notre-Dame-de-Lorette à Rome (1630), qui ressemble aux Muses, mais que la foi transfigure (pl. LVI), du *Saint André* de la basilique Saint-Pierre à Rome (1633-1640), le pendant chrétien du *Laocoon*. Sa « manière grecque » l'oppose au Bernin ; il participe de toute son âme aux conflits artistiques de l'Italie, il lutte, il se ronge, il meurt pour un idéal qui paraît bien éloigné de celui de sa patrie. Cependant Rubens, de loin, applaudit à son œuvre, tous les « Thiois » qui viennent à Rome le choisissent pour maître et rapportent le souvenir de ses leçons, de ses œuvres, quand ils reviennent s'enraciner dans leur pays. Il préside, avec Rubens, aux premiers pas de la sculpture baroque en Flandre.

Nous disons bien « en Flandre », non en pays wallon, à Liége. Ici vécut Jean Delcour (1627-1672), esprit élevé, âme tendre, que la virtuosité du Bernin, son maître, éblouit. Du Bernin il était moins à même que personne de comprendre les terribles emportements ; il ne tomba donc pas dans l'éloquence déclamatoire, mais il ne sut éviter d'ordinaire un maniérisme assez douceâtre (*Christ* de l'église Saint-Antoine de Liége, *Apôtre* et *Sainte Scholastique* de l'église Saint-Jacques de Liége, *Anges* de l'autel d'Herckenrode à Notre-Dame de Hasselt). Une fois au moins, il fut pathétique : c'est dans le *Christ au tombeau* du mausolée de Liverlo (cathédrale de Liége, 1696), figure supérieure à toutes celles du tombeau d'Allamont à Saint-Bavon de Gand. Et, une fois au moins, alors qu'il exploitait, selon son habitude, le procédé berninesque des draperies agitées, il rencontra et associa délicatement le gracieux, le suave, le pittoresque : ce fut dans la *Vierge* dressée en plein air, rue Vinave-d'Ile à Liége (1695-1696)(pl. LVI). Delcour et ses disciples constituent un groupe wallon qui n'a guère de rapports avec les sculpteurs de Flandre et de Brabant [1].

De ce dernier groupe, nous l'avons dit, les chefs de file sont Rubens et Duquesnoy. Le peintre marqua de sa forte empreinte Lucas Faydherbe, dont l'œuvre comme architecte a été signalée plus haut. Faydherbe (1637-1697) n'est pas un sculpteur qu'on néglige : ivoirier, il exécuta des bas-reliefs, des hanaps (Musées de Carlsruhe, de Stockholm) aux figures savamment ciselées, à la fois gracieuses et emportées ; avec les Van Opstal, les Van Bossuyt, il représente ce genre de sculpture particulier dans lequel les Flamands n'eurent pas d'égaux.

---

1. Jean Varin, de Liége, appartient à la sculpture française, tout de même que Martin van den Bogaert (Desjardins), de Bréda, et Philippe Buyster, d'Anvers.

Mais, de plus, il modela des reliefs en terre cuite, des *Bacchanales*, de *Ronde d'Amours* au souffle rubénien (pl. LVII) ; il fut éloquent, à la façon du XVIIe siècle, dans nombre de grandes figures d'*Apôtres* (Sainte-Gudule, Notre-Dame-de-la-Chapelle, Notre-Dame-du-Sablon, à Bruxelles). A Malines (Saint-Rombaut), il éleva le tombeau d'André Cruesen, d'une clarté de composition parfaite et d'un métier accompli, tailla des statues et des groupes, sculpta les curieux bas-reliefs en trompe-l'œil de Notre-Dame d'Hanswyk : la *Nativité* et le *Portement de croix* ; bref, il fut un maître hardi, fécond et savant. Pourtant, ce n'est pas lui qui incarne le mieux le génie flamand à son époque, peut-être parce qu'il est plus savant qu'original, plus disert qu'éloquent.

Ce n'est pas non plus Jérôme Duquesnoy (1602-1654), qui hésite entre le réalisme (figure couchée de l'évêque Triest, à Saint-Bavon de Gand) et les exemples de beauté idéale qu'il trouvait dans les œuvres de son frère. Urbain Taillebert, d'Ypres, auteur de la belle statue agenouillée d'Antoine de Hennin à Saint-Martin d'Ypres (1626) (pl. LVIII), est un isolé.

Les vrais grands sculpteurs flamands du XVIIe siècle seraient plutôt Artus Quellin le Vieux, d'Anvers (1609-1668), et Artus Quellin le Jeune (1625-1700), son neveu, né à Saint-Trond. Le premier se rattache étroitement au passé ; le souvenir de François Duquesnoy, son maître, est présent dans beaucoup de ses statues, et Rubens aussi l'influença ; de plus, il révère l'antique, mais il associe toutes ces tendances, tous ces souvenirs, dans des ensembles monumentaux et décoratifs qui ne doivent rien qu'à lui-même tant à cause de leur composition serrée que de leur puissant effet plastique. Son œuvre maîtresse se trouve à l'ancien hôtel de ville d'Amsterdam (aujourd'hui Palais royal) : cariatides lourdes, vigoureuses, tendues, de la salle des Échevins (pl. LIX), statues fières et nobles de l'attique, grandes compositions allégoriques des frontons, où la ronde-bosse s'harmonise avec des fonds de caractère pittoresque (1650). Il laissa en Hollande de beaux portraits. Revenu à Anvers, il élève des autels, des tombeaux baroques — baroques à sa manière, — il reprend ses travaux accoutumés de hucherie : confessionnaux de Saint-Paul (vers 1646), stalles de Saint-Jacques (1658). En ce métier il eut pour collaborateur et successeur immédiat son neveu, passionné, dramatique, un peu tourmenté (stalles de Wouw et d'Averbode, statues aux cathédrales d'Anvers et de Tournai).

Autour d'eux gravitent des émules nombreux qui sculptent la pierre, le bois, et dont la production variée contribue tant à donner aux églises baroques leur caractère dominant. C'est Willemsens, collaborateur des Quellin, Van Helderenberg, de Gand (vers 1683), Van der Veken, de Malines (1637-1704), élève de Faydherbe, et qu'on rattacherait à Van Dyck si la suavité de ses figures n'était souvent bien artificielle, Verhaegen, Michel Vervoort, d'Anvers (1667-1737), Kerrickx le Vieux, de Termonde (1657-1719), enfin Henri-François Verbruggen, d'Anvers (1655-1724), dont l'art tantôt confine à un pittoresque débordant (chaire de vérité de Sainte-Gudule, pl. LX), tantôt s'exprime avec une magnifique emphase (confessionnaux de Grimbergen).

Les derniers de ces artistes indiquent déjà la transition au xviiie siècle. Il faut y ajouter le beau sculpteur Grupello, originaire de Grammont (1644-1730), Verschaffelt, de Gand (1710-1783); pour faire des concessions à l'élégance monumentale (tombeaux en pyramide), au maniérisme, ils n'en maintenaient pas moins la tradition italo-flamande du baroque. On peut les en louer; on peut aussi les en plaindre, car, au rebours des sculpteurs français du xviiie siècle, qui subordonnaient tout à l'individu étudié pour lui-même et interprété, corps et âme, avec une intelligence aussi large que pénétrante, ils ne se lassaient pas, eux, de l'associer étroitement à des idées générales et à de grandes compositions décoratives. De là vient qu'en plein xviiie siècle un sculpteur aussi heureusement doué que Laurent Delvaux, de Nivelles (1696-1778), ne fit que des portraits médiocres. Au contraire, dans des tombeaux (à Westminster), des chaires de vérité (Nivelles, Gand), où il utilise en même temps le bois et le marbre, où la rocaille lui sert d'appoint dans des entourages éperdument pittoresques, sa maîtrise, encore que le goût s'en offense parfois, n'est pas contestable. Au surplus, le néo-classicisme le confirme dans son culte de l'antique tel qu'on le comprenait en Flandre depuis Duquesnoy, dans la recherche de la ferveur sentimentale telle que la montraient, depuis plus d'un siècle, les images de dévotion (statue de *Sainte Gertrude* à l'église de Nivelles, pl. LXI) : de toutes façons, il reste fidèle au baroque.

Son élève Antoine Godecharle (1750-1835) le corrigea dans la mesure où la sévérité néo-classique corrigeait les « frivolités » du xviiie siècle. Il dépouilla le maniérisme, sinon le pathos, chercha la sobriété, tendit au grand. Hélas, tant de rigueur et d'application ne laissèrent pas d'entraver son essor, d'étriquer son métier. Il avait besoin de grands exemples. Les meilleurs portraits qu'il fit sont ceux où l'influence française — on songe à Chinard — ajoutait du feu à sa probité un peu laborieuse (pl. LXII). Ses œuvres maîtresses : le fronton du Palais de la Nation à Bruxelles, celui du palais de Laeken, doivent leur grandeur à l'antique, dont il sut discerner, à la suite de Duquesnoy, la chaste grâce et la noblesse souveraine.

L'académisme ne convient guère aux Belges. Il développe en eux la science, mais tue l'enthousiasme. La sculpture belge entre 1840 et 1870 fut médiocre. Fraikin (1817-1893) est froid; Guillaume Geefs (1805-1883), auteur de bons portraits en buste, laborieux. Seul Simonis (1810-1882) se montre puissant, encore qu'un peu emphatique, dans sa statue équestre de Godefroy de Bouillon à Bruxelles (1848). Un rien de romantisme à la Delacroix, il n'en fallait pas davantage, mais il fallait cela, pour renouveler un art fatigué ; et au surplus il fallait de l'émotion et de la sincérité ! Voilà ce qui fit le succès mérité des sculpteurs nés aux alentours de 1850 : Paul de Vigne (1843-1901), auteur du groupe *La Glorification de l'Art* (pl. LXIII) à la façade du Palais des Beaux-Arts de Bruxelles (l'autre groupe qui lui fait pendant est de Van der Stappen), Julien Dillens (1849-1904), l'animalier Léon Mignon (1847-1898), Ch. van der Stappen (1843-1910), tous épris de fierté, de galbe, de panache même, à l'italienne, mais aussi de vérité franche, à la flamande.

Du groupe se détachent Jef Lambeaux (1852-1908), sincère, fougueux, un peu naïf dans sa fidélité à une sorte de panthéisme rubénien, Biesbroeck (1839-1919), si sincère, Thomas Vinçotte (1850-1926), savant et pondéré. Constantin Meunier, plus âgé qu'eux (1831-1905), reste isolé. Seul il rêva d'exprimer par des notations caractéristiques, réalistes, aussi bien que par de grands gestes révélateurs, la fière beauté de l'ouvrier au travail (pl. LXIV). Héroïsme sans phrases, âpre poésie baignée de tendresse : tout cela était bien loin des symboles médiocres et des attitudes avantageuses de l'académisme. Depuis se sont levés les Braecke (né en 1859), les Lagae (né en 1862), les Dubois (né en 1859), les De Vreese (né en 1861), attentifs à saisir en même temps le pathétique et le raffinement de la vie moderne. Egide Rombaux (né en 1865), michelangesque, vise à la construction dramatique; Victor Rousseau (né en 1865) anime d'un fluide subtil, d'on ne sait quel élan mystérieux, des formes exquises de pureté, de jeunesse (pl. LXII) ; et tandis qu'il raffine et, parfois, subtilise,

Georges Minne (né en 1866), rude analyste autrefois, concentre le mouvement et la forme; il appuie, dirait-on, toutes les manifestatiens extérieures de la vie sur le rythme du cœur.

Les maîtres qui précèdent ont des élèves dignes d'eux. Impatients, des « jeunes » renient leur exemple, sinon leur autorité. Puissent-ils, revenus de chimériques aventures, ajouter à la gloire de ces aînés une gloire nouvelle!

BIBLIOGRAPHIE SOMMAIRE

ARCHITECTURE

Schayes, *Histoire de l'architecture en Belgique*, 2ᵉ éd. Bruxelles, 1852, 4 vol. in-8.

A. Wauters, *L'architecture romane dans ses diverses transformations*. Bruxelles, 1889, gr. in-8.

Histoire de l'art publiée sous la direction d'André Michel. Paris, 1905-1927 : articles de C. Enlart, t. I, 2ᵉ partie (architecture romane) ; t. II, 1ʳᵉ partie (architecture gothique) ; — de L. Réau, t. V, 1ʳᵉ partie (architecture de la Renaissance) ; — de P. Vitry, t. VII, 1ʳᵉ partie (architecture du xviiiᵉ siècle).

R. Lemaire, *Les origines du style gothique en Brabant.* I. *L'architecture romane.* Bruxelles, Vromant, 1906. Ouvrage continué par C. Leurs : II. *L'architecture romane dans l'ancien duché de Brabant.* Bruxelles, 1922, in-8.

J. Coenen, *Les monuments de Liége.* Liége, Demarteau, 1923, in-8.

W. Effmann, *Centula (Saint-Riquier).* Munster i. W., Aschendorf, 1912, in-8.

E. de Moreau et R. Maere, *L'abbaye de Villers en Brabant.* Bruxelles, De Wit, 1909, in-8.

P. Clemen et C. Gurlitt (publié par), *Die Klosterbauten der Cistercienser in Belgien* : études de Clemen (abbatiales belges et gothique français), de Fucker (Orval), Zschaler (Villers), Krone (Aulne). Berlin, Zirkelverlag, 1916, in-8.

P. Clemen (publié par), *Belgische Kunstdenkmäler* : études de Hoeber (Tournai), Paffendorf et Konrad (Saint-Hubert). Munich, Bruckmann, 1923, 2 vol. in-4.

R. Maere, *L'église de Sainte-Gudule à Bruxelles* (dans la *Revue d'art*, 1925).

V. Nodet, *L'église de Brou.* Paris, Laurens, s. d., in-8.

P. Jos. Braun, *Die belgischen Jesuitenkirchen.* Fribourg-en-Brisgau, Herder, 1907, in-8.

P. Parent, *L'architecture des Pays-Bas méridionaux (Belgique et Nord de la France) aux XVIᵉ, XVIIᵉ et XVIIIᵉ siècles.* Paris et Bruxelles, Van Oest, 1926, in-4.

W. Plantenga, *Les églises baroques dans l'ancien duché de Brabant, depuis le règne des archiducs jusqu'au gouvernement autrichien (1598-1713).* La Haye, Nijhoff, 1926, in-8.

L. Cloquet, *Les maisons anciennes de Belgique.* Gand, Van Doosselaer, 1907, in-8.

G. Des Marez, *Guide illustré de Bruxelles*, vol. I : *Les monuments civils et religieux.* Bruxelles, Touring-Club, 1918, in-4.

R. Graul, *Alt-Flandern.* Munich, 1918, in-4.

H. Fierens-Gevaert, *Histoire de l'art flamand.* vol. I. : *XVIᵉ et XVIIᵉ siècles* (résumé de cours). Bruxelles, 1917-1918, in-4.

SCULPTURE

J. Helbig, *La sculpture et les arts plastiques dans la vallée de la Meuse.* Bruges, Desclée, s. d., pet. in-4.

A. Goldschmidt, *Die Elfenbeinskulpturen aus der Zeit der karolingischen und saechsischen Kaiser.* Berlin, Wasmuth, 1914-1923, 3 vol. in-folio.

M. Laurent, *La question des fonts de Saint-Barthélemy de Liége* (dans le *Bulletin monumental*, 1924); — *Esquisse de l'art ancien au pays de Liége* (dans le catalogue de l'*Exposition de l'art ancien au pays de Liége*, au Musée des Arts décoratifs de Paris, 1924).

O. von Falke, *Deutsche Schmelzarbeiten des Mittelalters.* Francfort, Baer, 1904, in-folio ; — *Das romanische Kunstgewerbe* (dans l'*Illustrierte Geschichte des Kunstgewerbes* publiée sous la direction de Lehnert). Berlin, Oldenbourg, s. d.; — *Der Dreikönigenschrein des Nikolaus von Verdun.* München-Gladbach, Kühlen, s. d.; — et aussi article dans *Zeitschrift für bildende Kunst*, 1925, p. 241.

R. Ligtenberg, *Die romanische Steinplastik in den nördlichen Niederlanden.* La Haye, Nijhoff, 1918, pet. in-4.

P. Clemen (publié par), *Belgische Kunstdenkmäler* (voir ci-dessus) : particulièrement A. Goldschmidt (la sculpture au xiiᵉ siècle), J. Baum (la sculpture liégeoise au xivᵉ siècle), R. Hamann (gothique tardif à Notre-Dame de Hal), P. Clemen (Lancelot Blondeel), E. Hensler (Jean Mone).

E. Soil de Moriamé, *Les anciennes industries d'art tournaisiennes.* Tournai, Casterman, 1912, gr. in-8.

R. Koechlin, *La sculpture belge et les influences françaises aux XIIIᵉ et XIVᵉ siècles* (*Gazette des Beaux-Arts*, 1903, t. II).

Joseph Destrée, *Études sur la sculpture brabançonne.* Bruxelles, Vromant, 1904, in-8.

J. Roosval, *Schnitzaltäre in schwedischen Kirchen und Museen aus der Werkstatt des Brüsseler Bildschnitzers Jan Borman.* Strasbourg, Heitz, 1903, in-8.

R. Hedicke, *Jacques Dubroeucq von Mons.* Strasbourg, Heitz, 1904 (trad. Dony. Bruxelles, Van Oest, 1912), in-8 ; — *Cornelis Floris und die Florisdekoration.* Berlin, 1913, in-4, av. un album. de planches in-fol.

H. Rousseau, *La sculpture aux XVIIᵉ et XVIIIᵉ siècles.* Bruxelles, Van Oest, 1911, in-8.

C. Poupeye, *Nicolas van der Veken, sculpteur malinois.* Malines, 1911, in-8.

H. Fierens-Gevaert, *Histoire de l'art flamand.* Bruxelles, 1917-1918, in-4, vol. I.

TABLE DES PLANCHES [1]

1. Sauf indication contraire, les photographies reproduites dans ces planches proviennent de la documentation des Musées du Cinquantenaire à Bruxelles.

TABLE DES MATIÈRES

MÂCON, PROTAT FRÈRES, IMPRIMEURS. — MCMXXVIII.

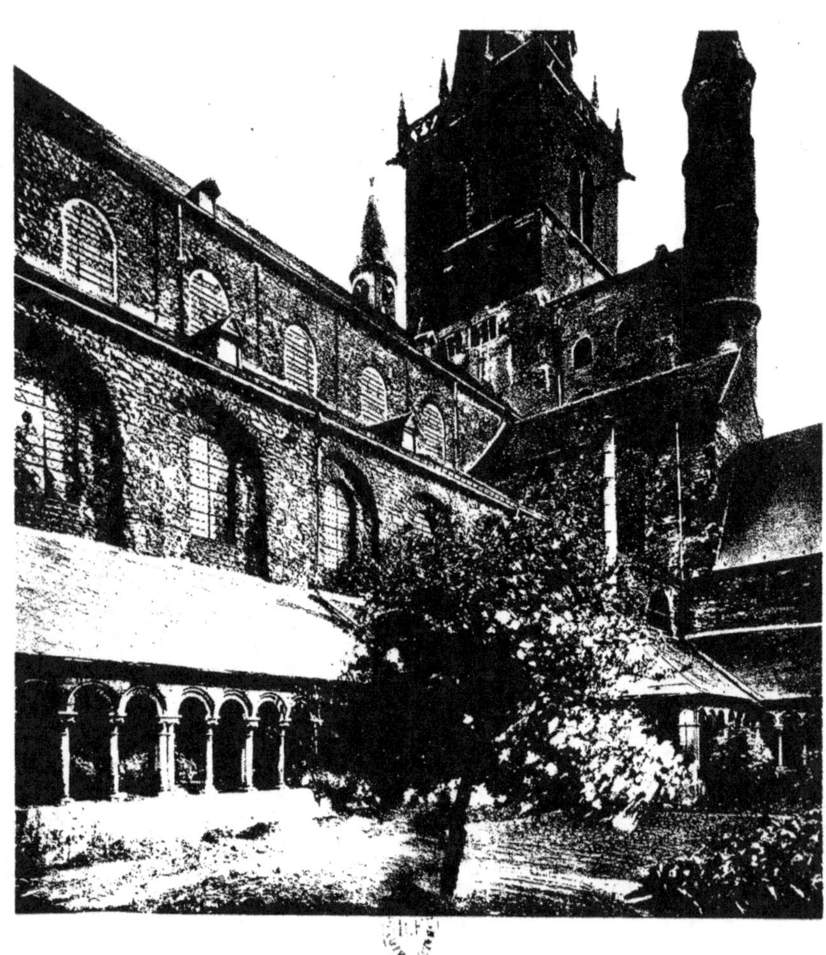

Extérieur et cloître de l'église Sainte-Gertrude, à Nivelles
(reconstruite en 1046).

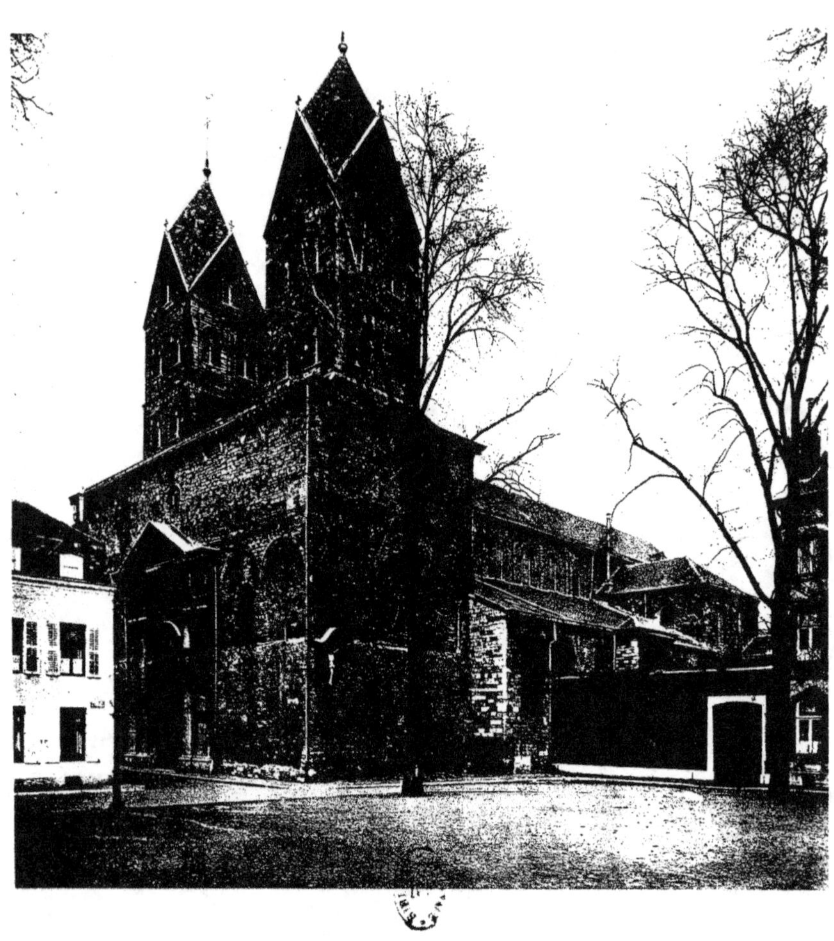

Église Saint-Barthélemy, à Liége
(xıe-xııe siècles et fin du xııe siècle).

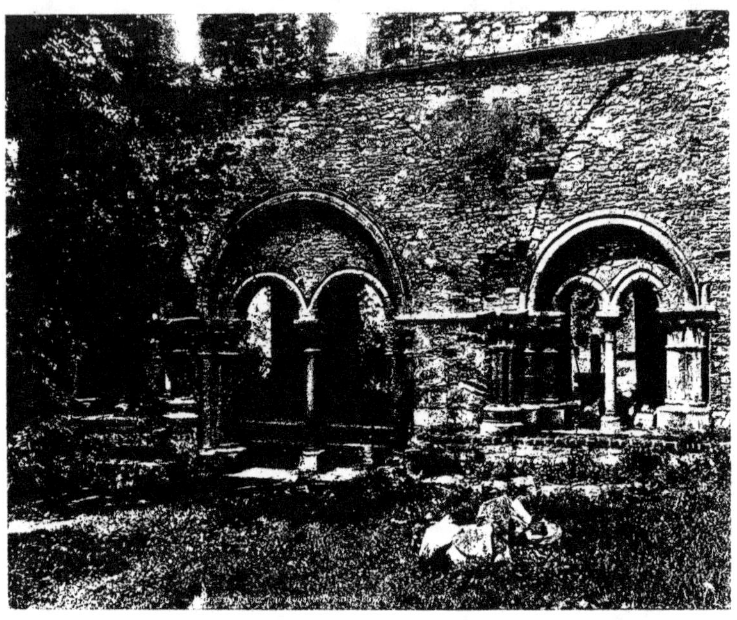

Ruines de l'abbaye de Saint-Bavon, à Gand : salle capitulaire
(fin du xiie siècle).

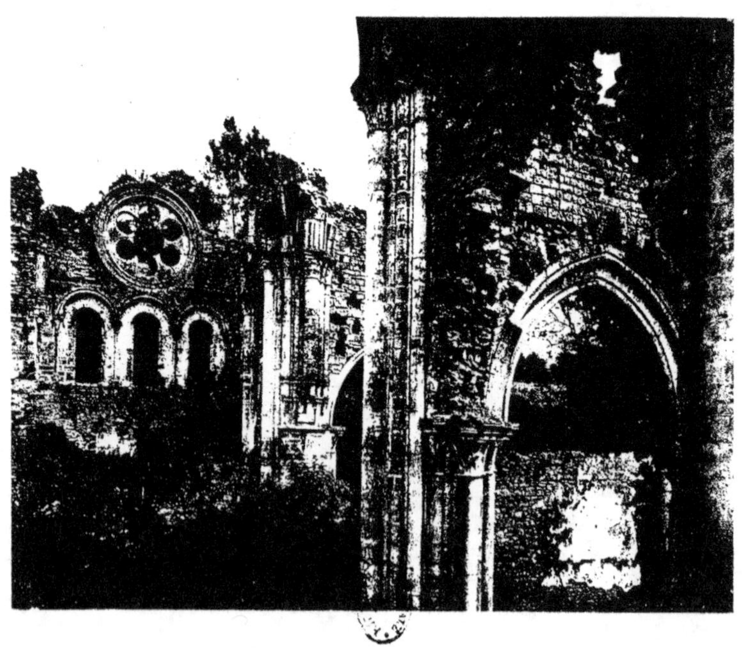

Ruines de l'abbaye d'Orval (fin du xiie siècle).

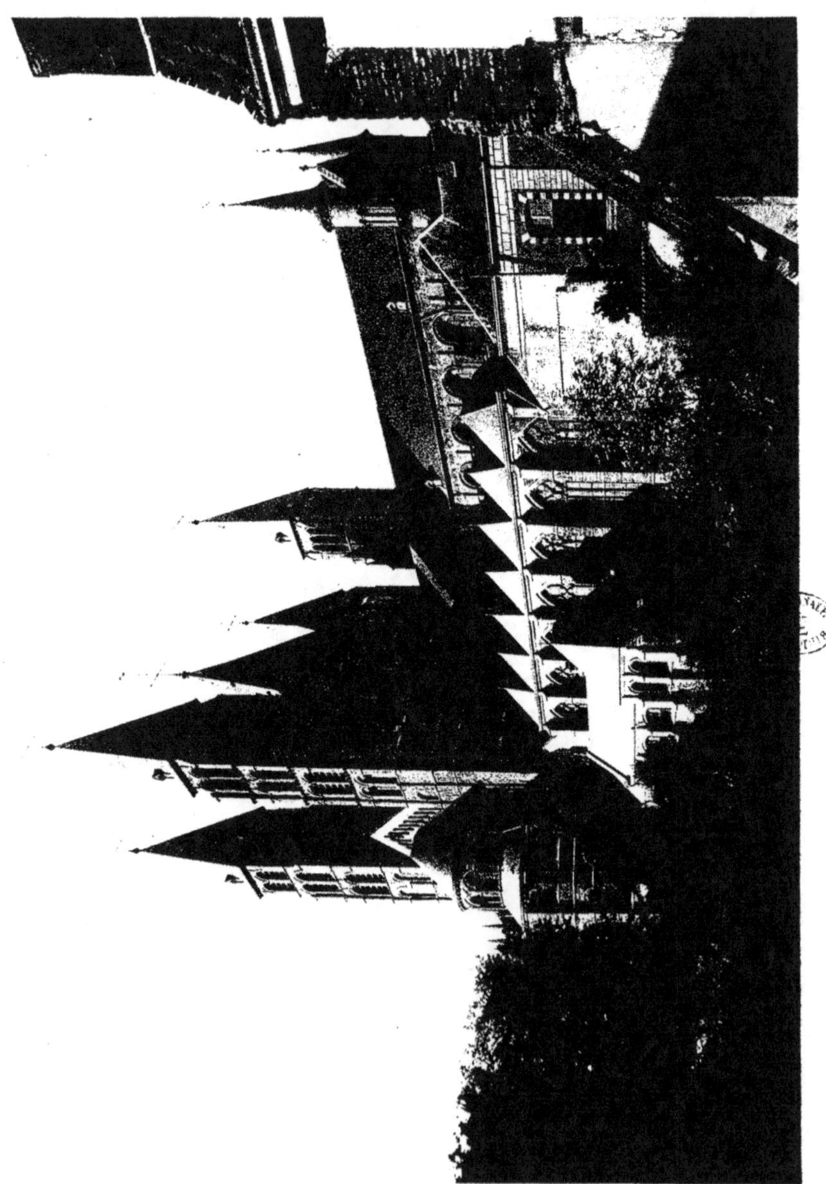

Cathédrale de Tournai : vue d'ensemble avec tours et transept (XIIe-XIIIe siècles).

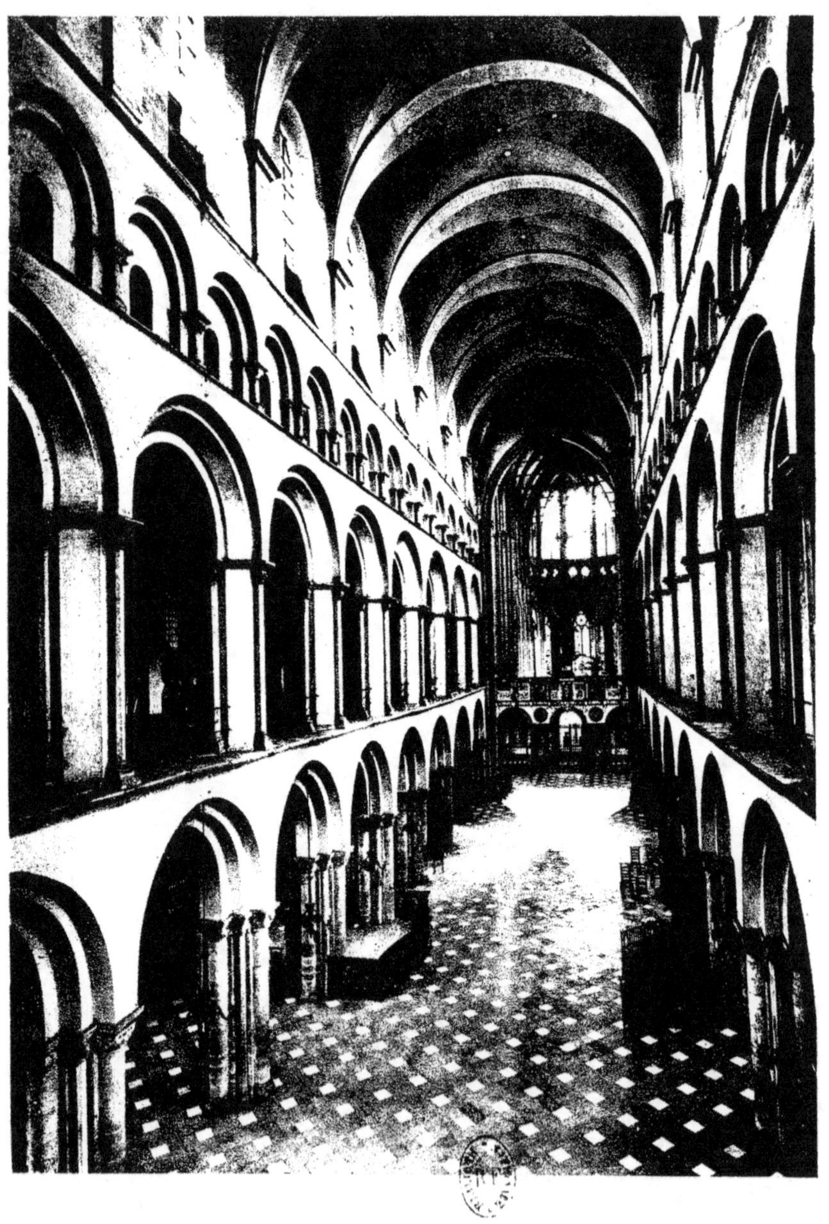

Cathédrale de Tournai : intérieur (1171).

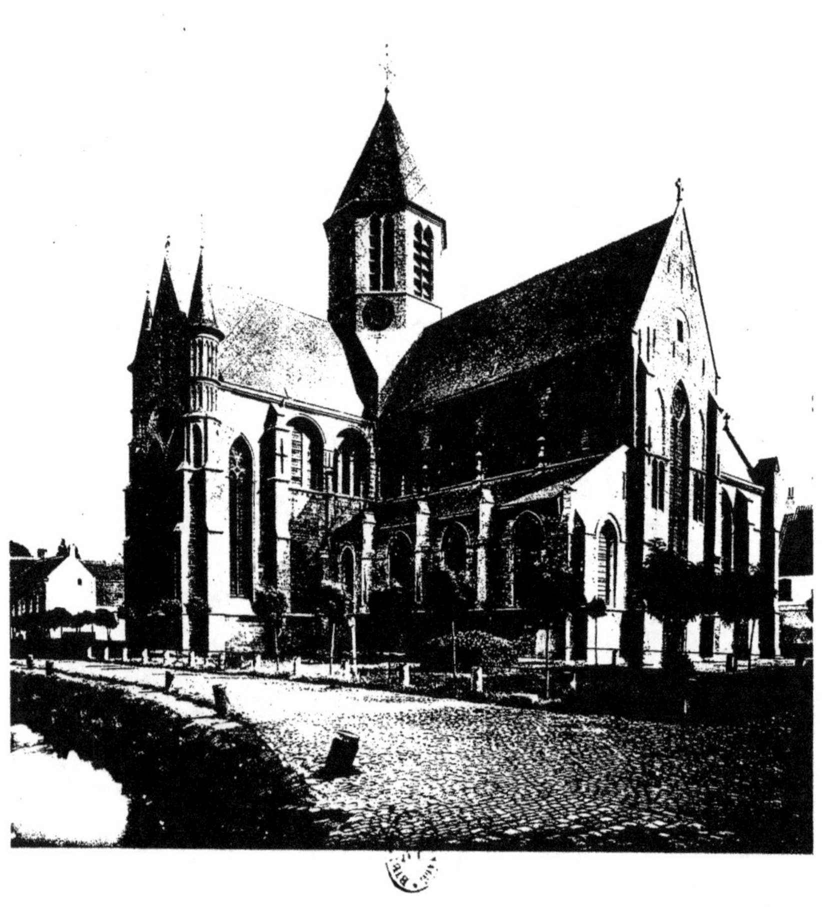

Notre-Dame de Pamele, à Audenarde (commencée en 1234).

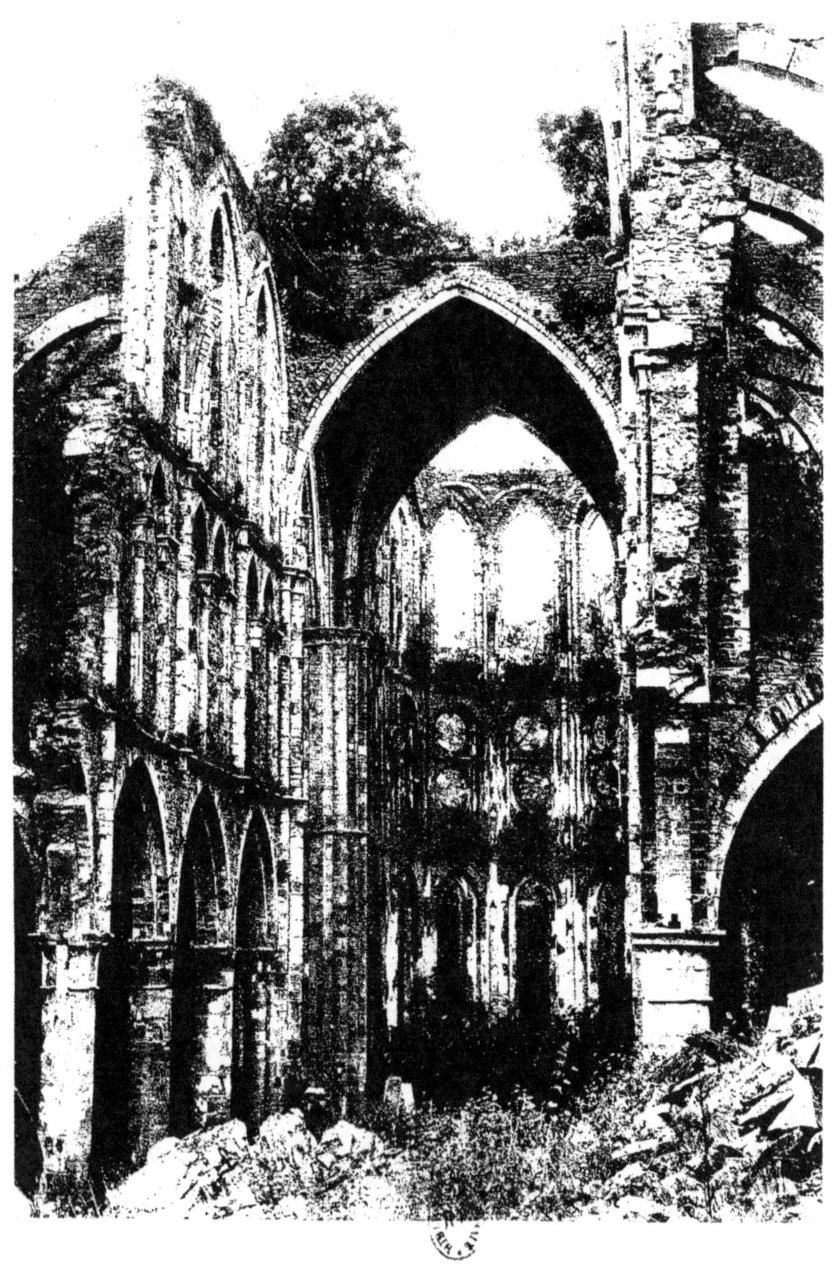

Ruines de l'abbaye de Villers (1210-1272).

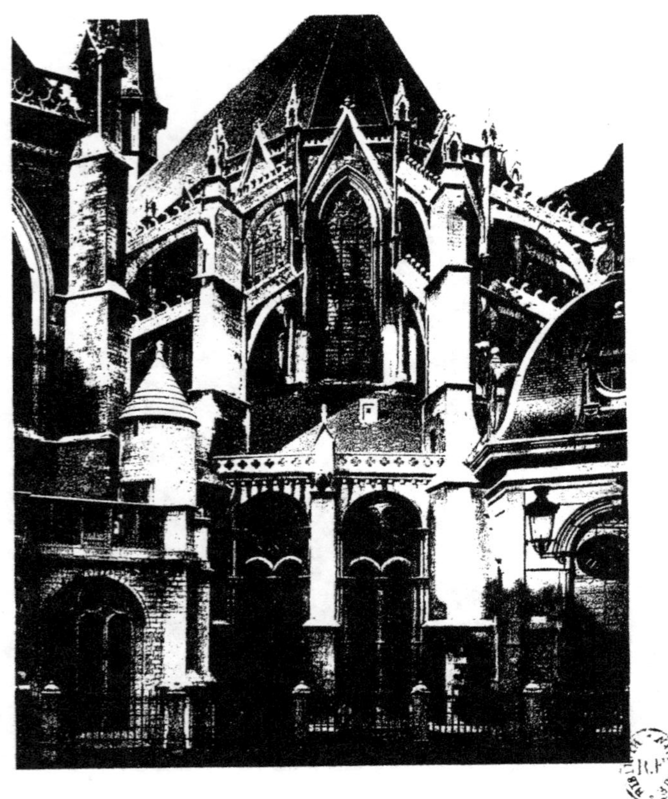

Chevet de l'église Sainte-Gudule, à Bruxelles (vers 1226).

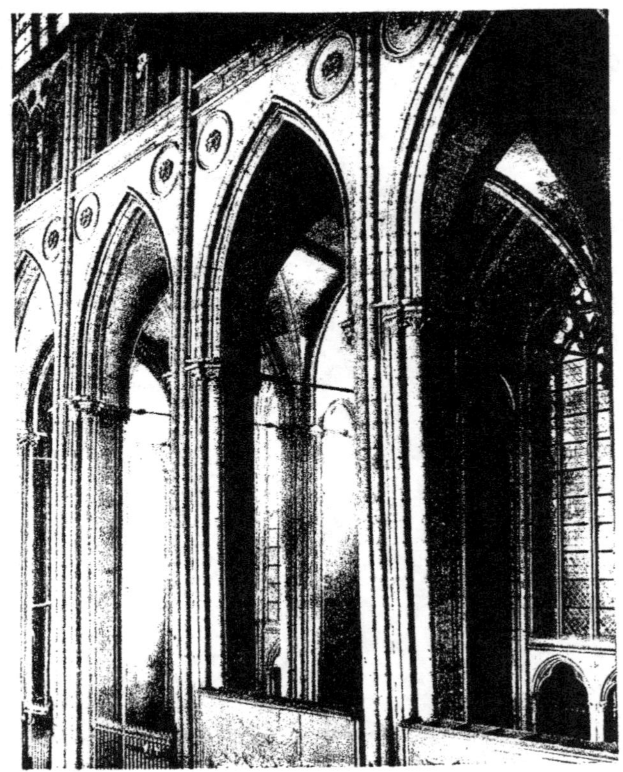

Chœur de la cathédrale de Tournai (1242).

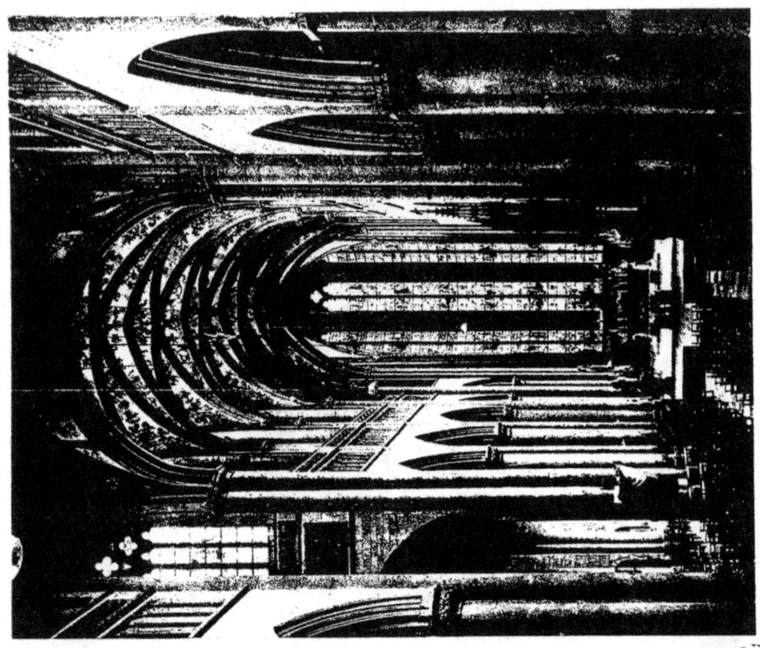

Église Notre-Dame, à Huy : intérieur (1311).

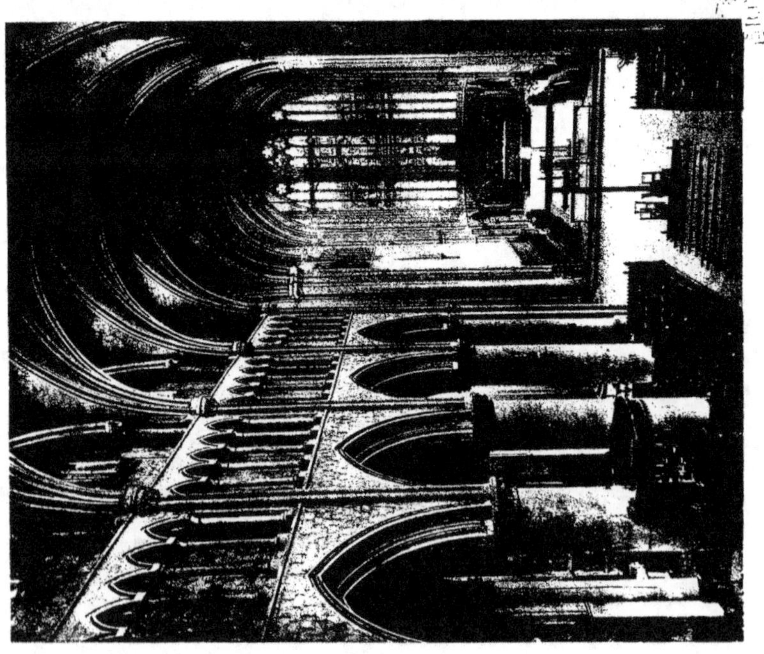

Église Notre-Dame, à Tongres : intérieur (1240).

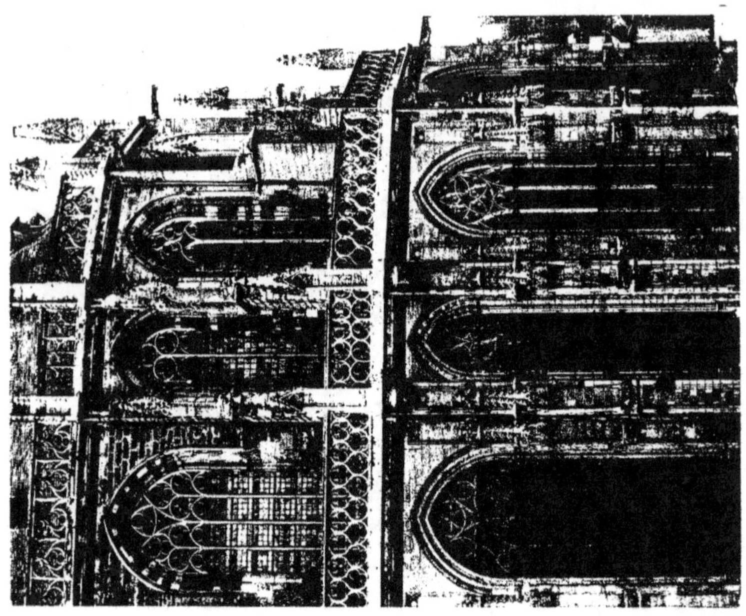

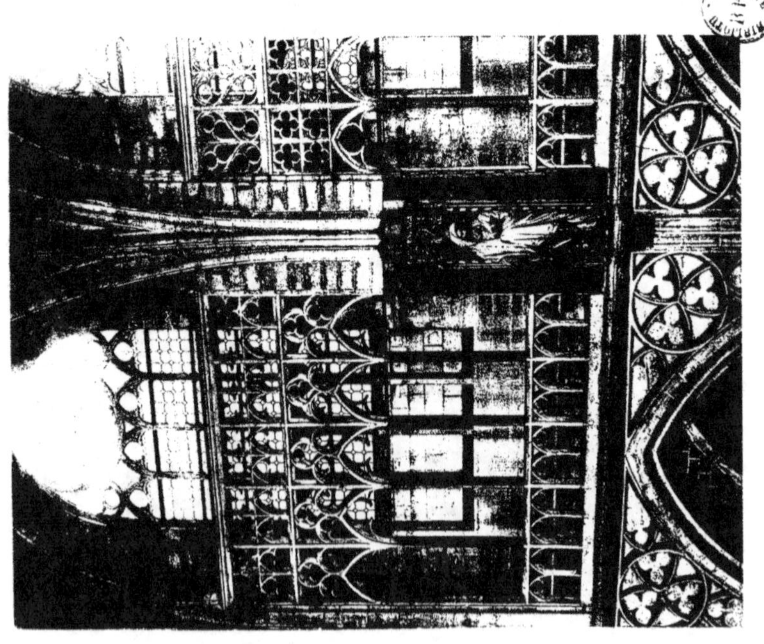

Église Notre-Dame, à Hal : triforium et chevet du chœur (1409).

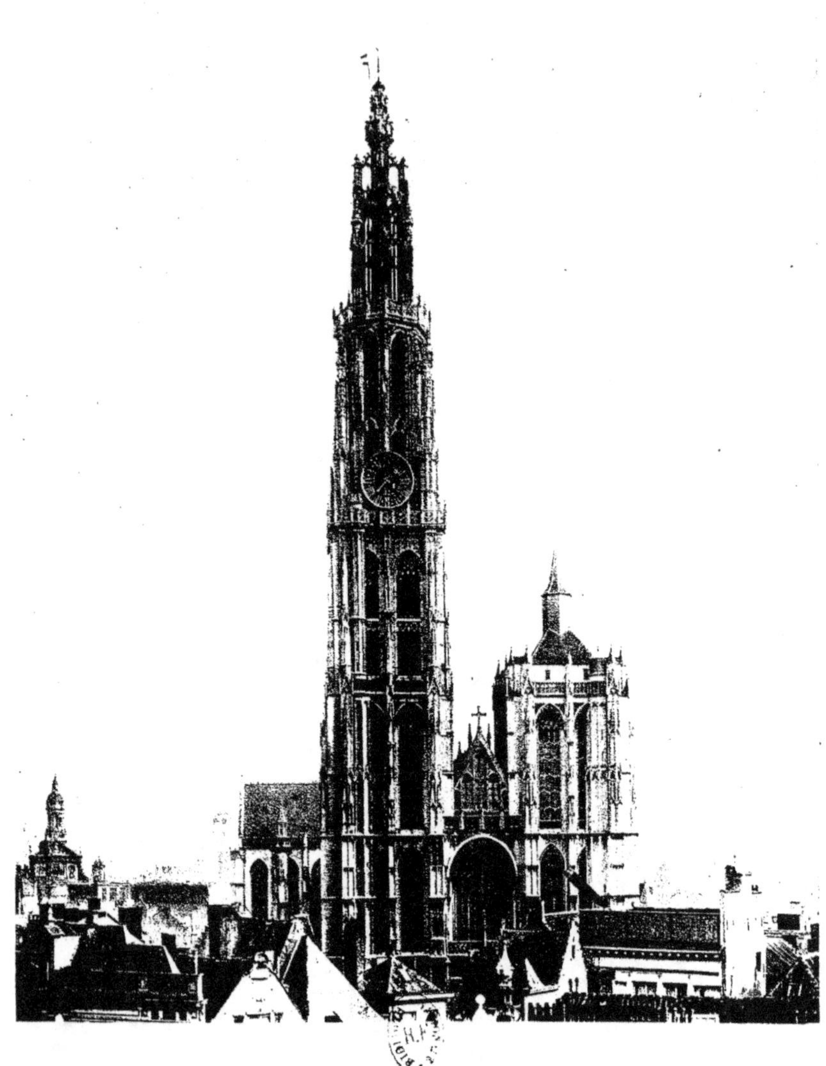

Tour de la cathédrale d'Anvers (achevée en 1518).

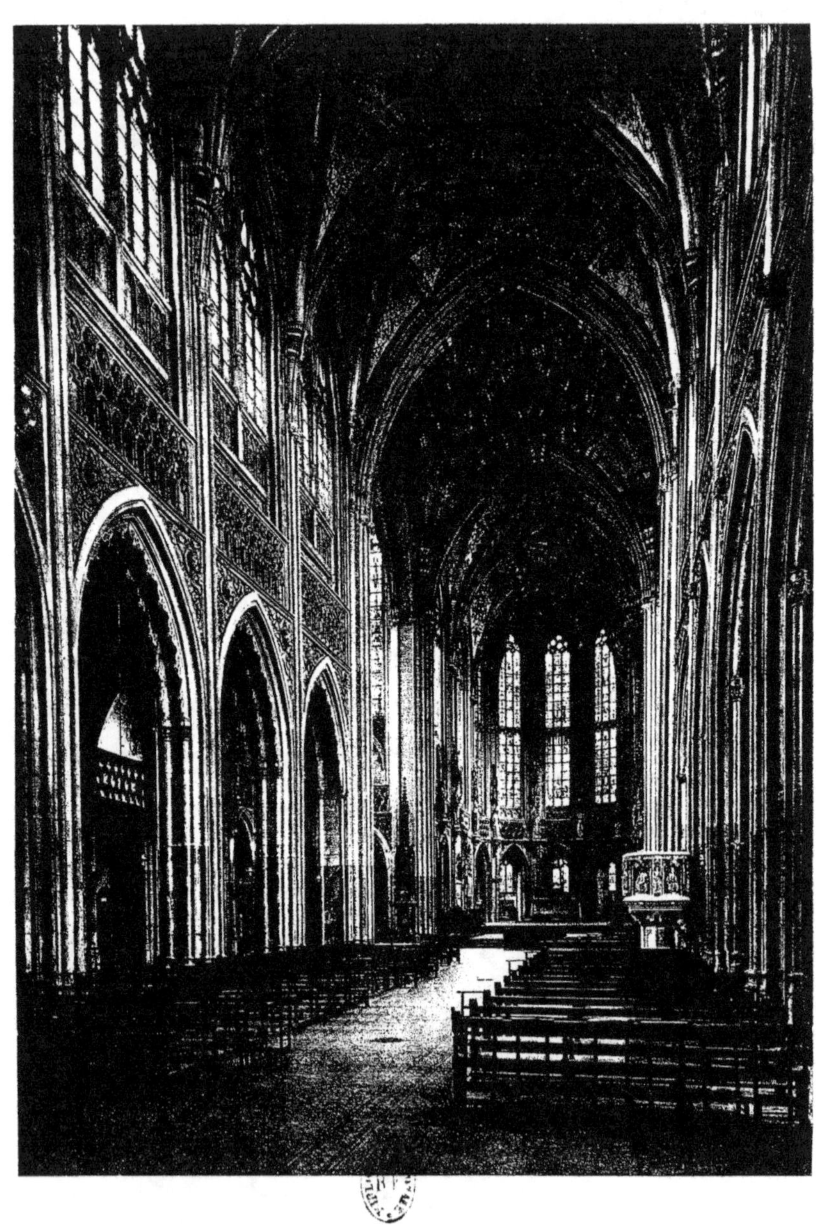

Église Saint-Jacques, à Liége : intérieur (1513-1538).

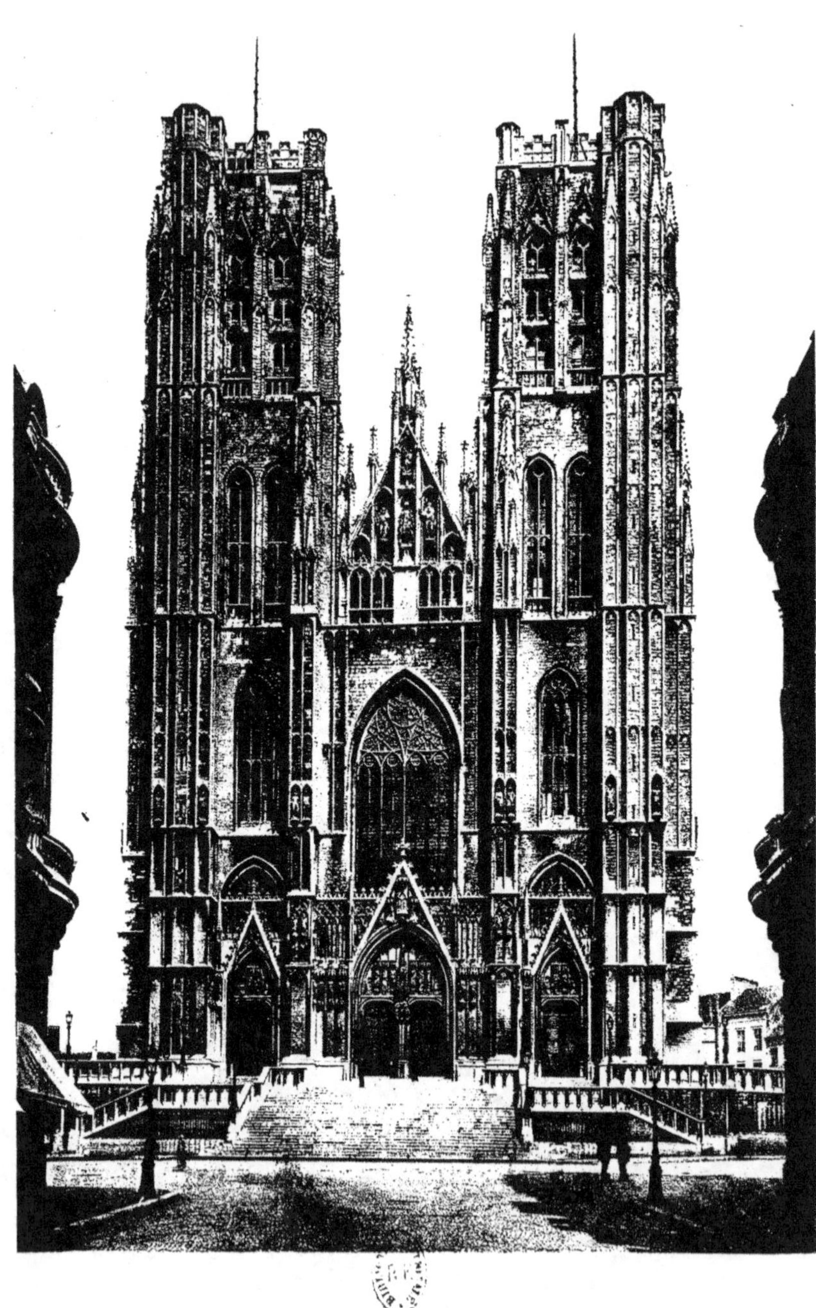

Église Sainte-Gudule, à Bruxelles : façade et tours (1436).

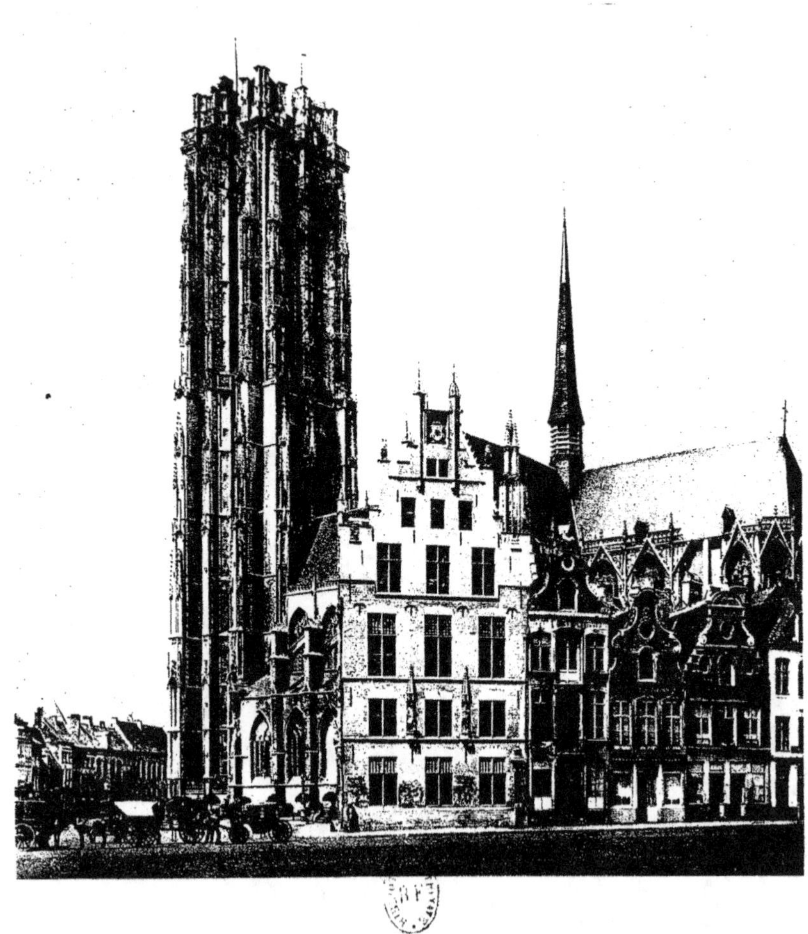

Tour de la cathédrale Saint-Rombaut, à Malines (1452).

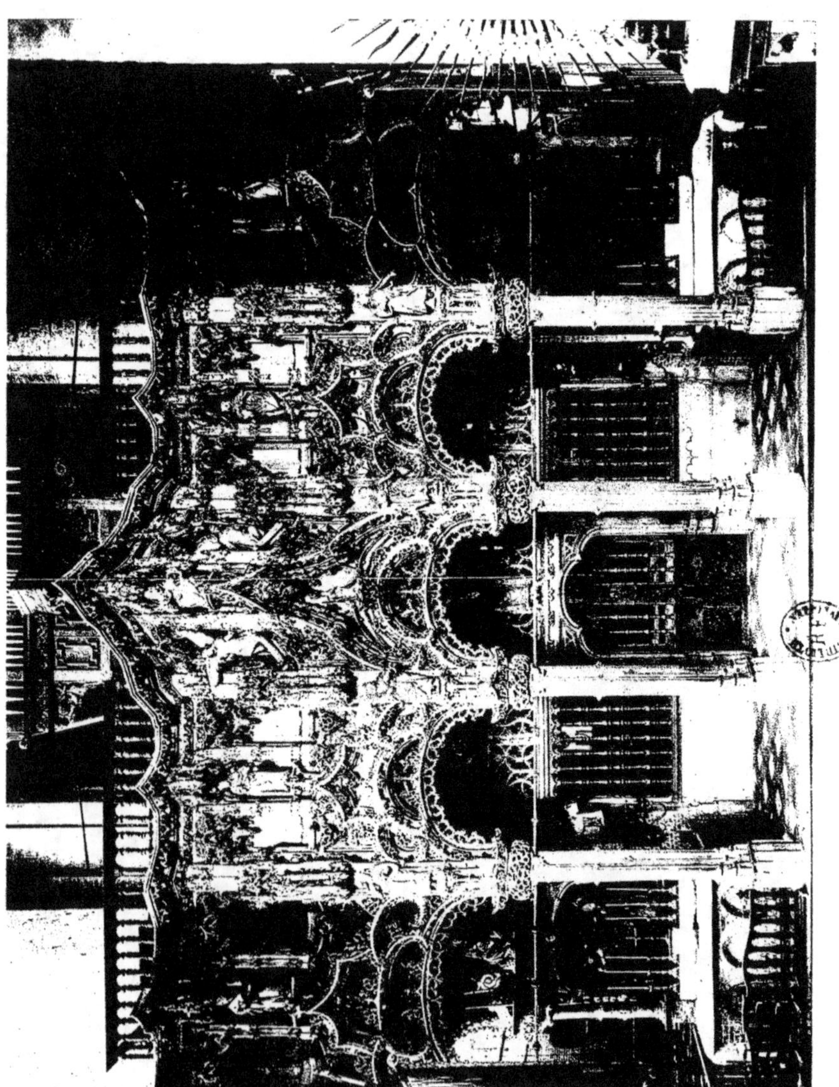

Jubé de l'église de Dixmude (1536-1542)
(détruit pendant la guerre de 1914).

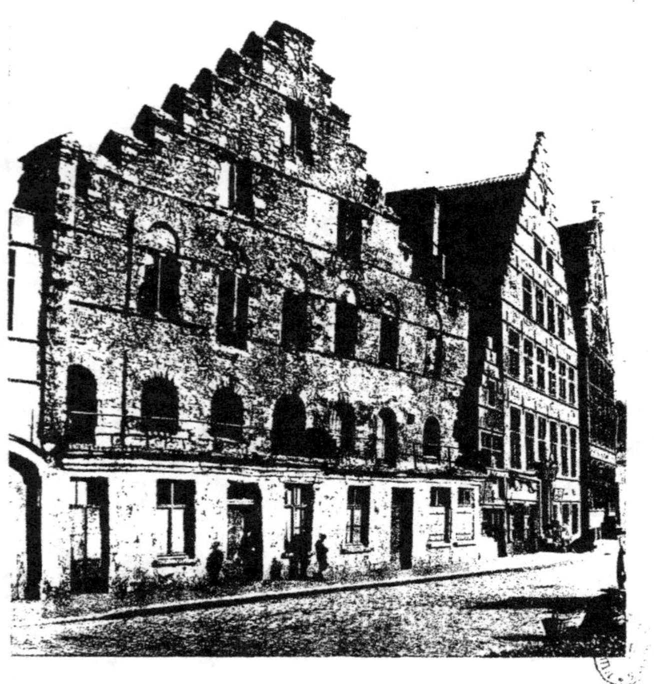

Maison de l'Étape, à Gand (fin du xiie siècle).

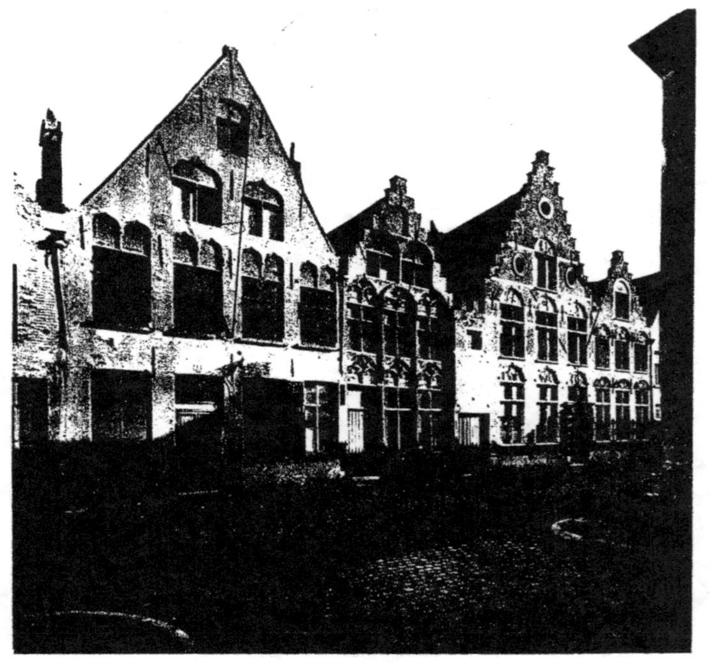

Maisons gothiques et Renaissance, à Bruges.

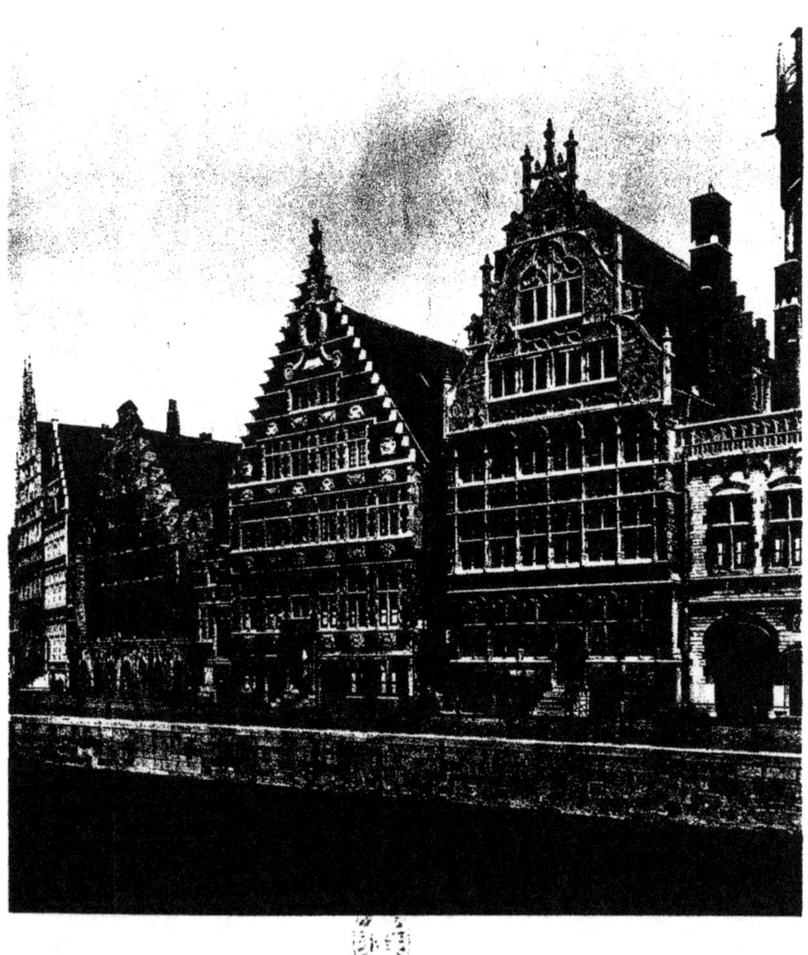

Maison des Bateliers, à Gand (1531).

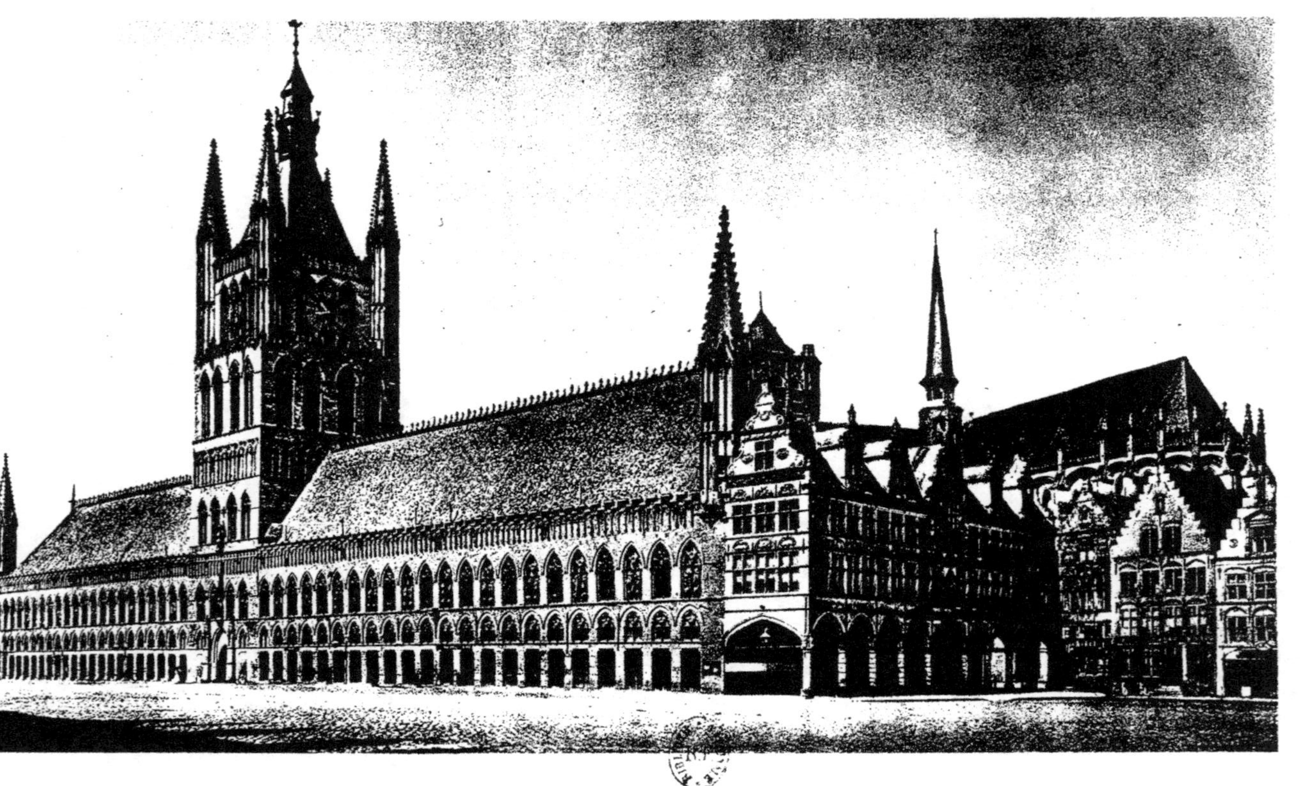

Les halles et le beffroi, à Ypres (xiiie siècle)
(détruits pendant la guerre de 1914).

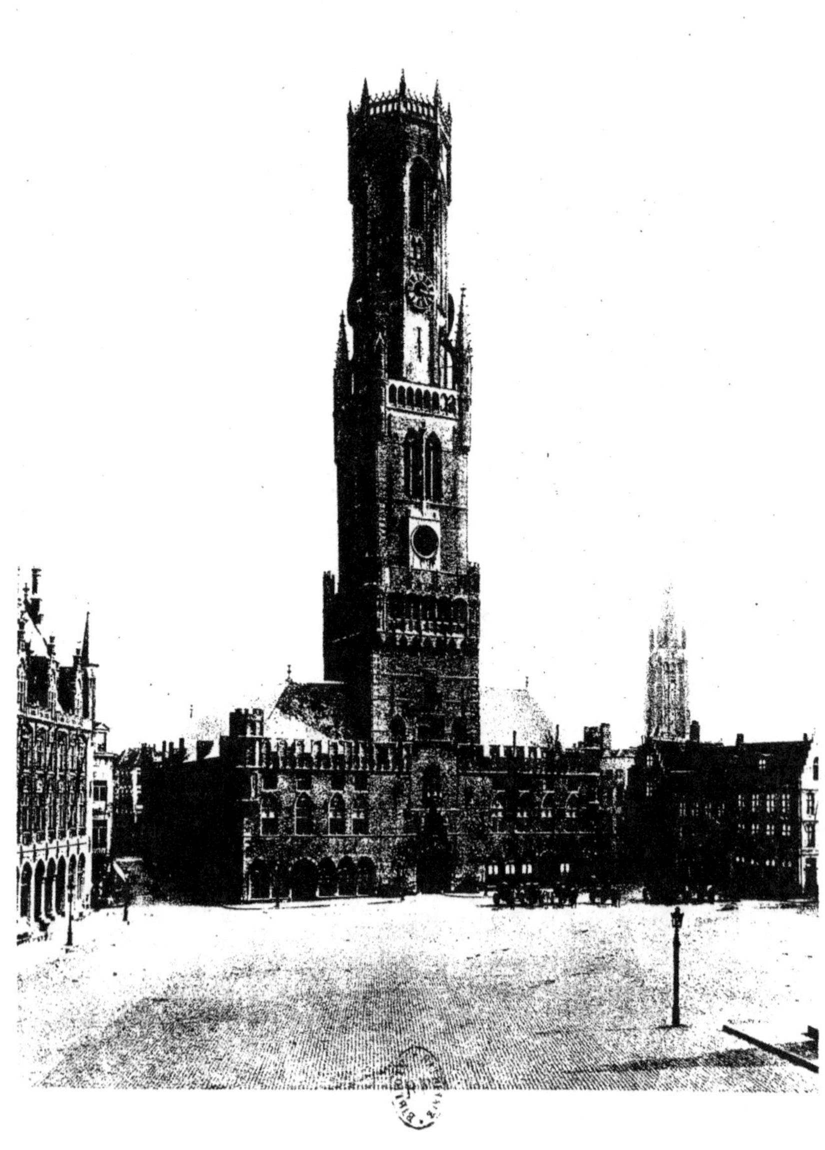

Les halles et le beffroi, à Bruges (XIIIᵉ et XVᵉ siècles).

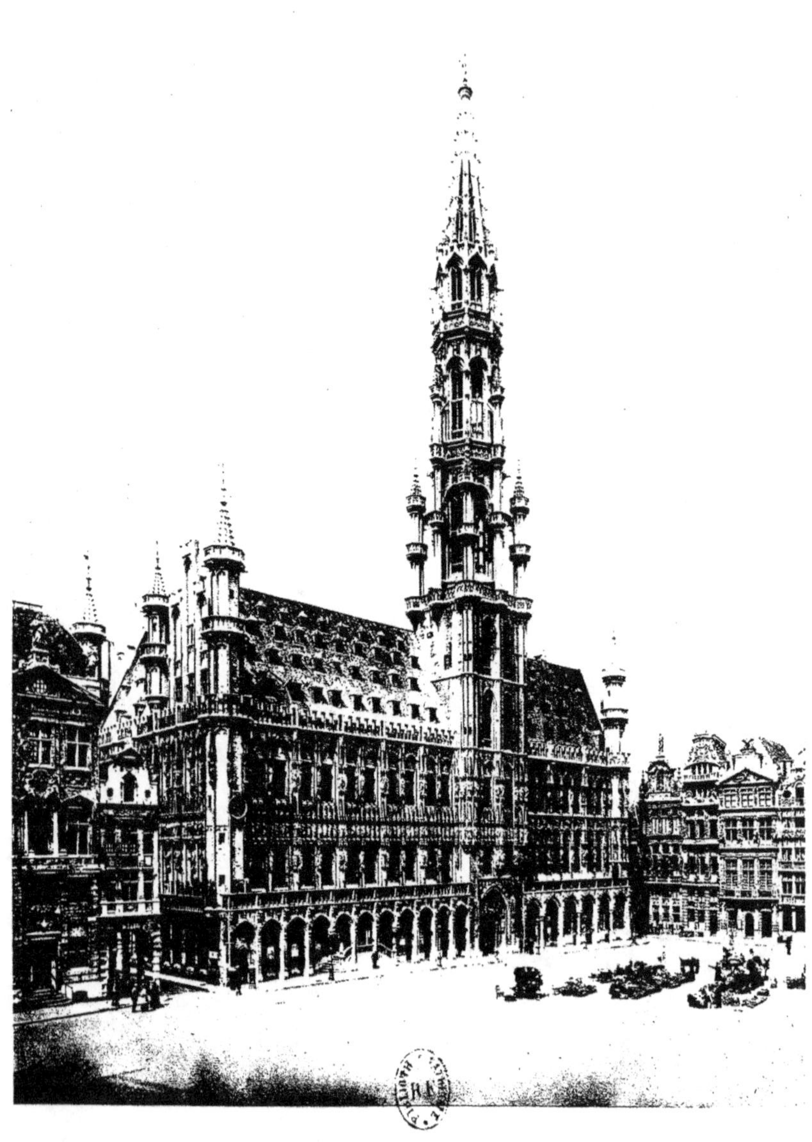

Hôtel de ville de Bruxelles,
par Jacques van Tienen (1402) et Jean van Ruysbroeck (1449 : tour.)

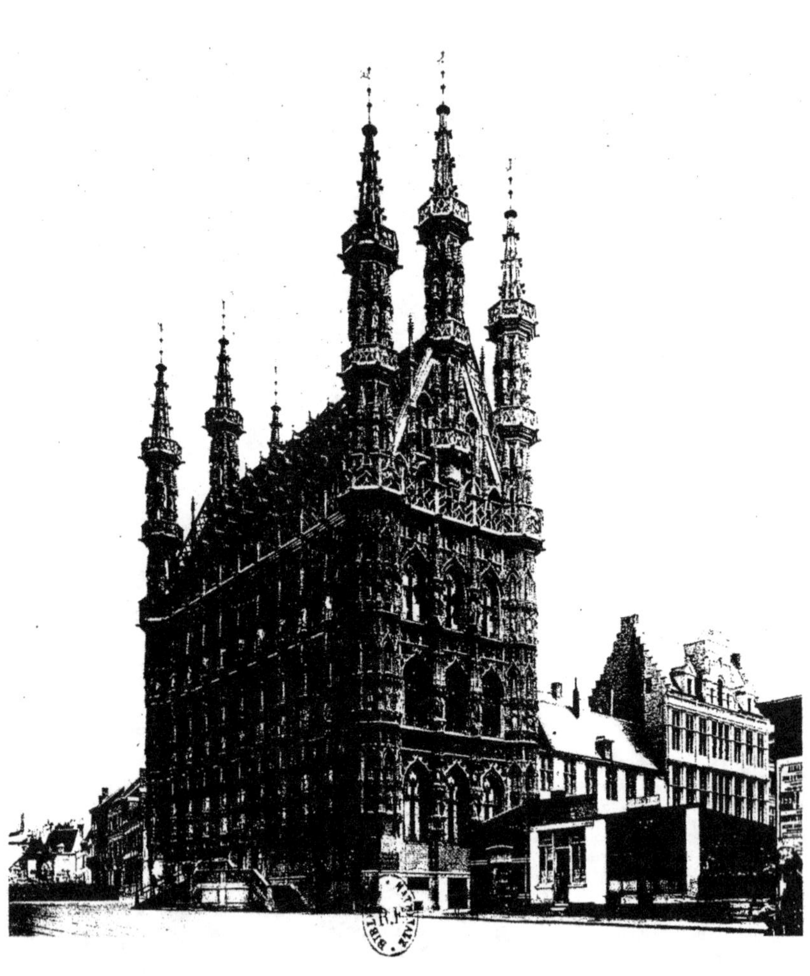

Hôtel de ville de Louvain, par Mathieu Layens (1448-1463).

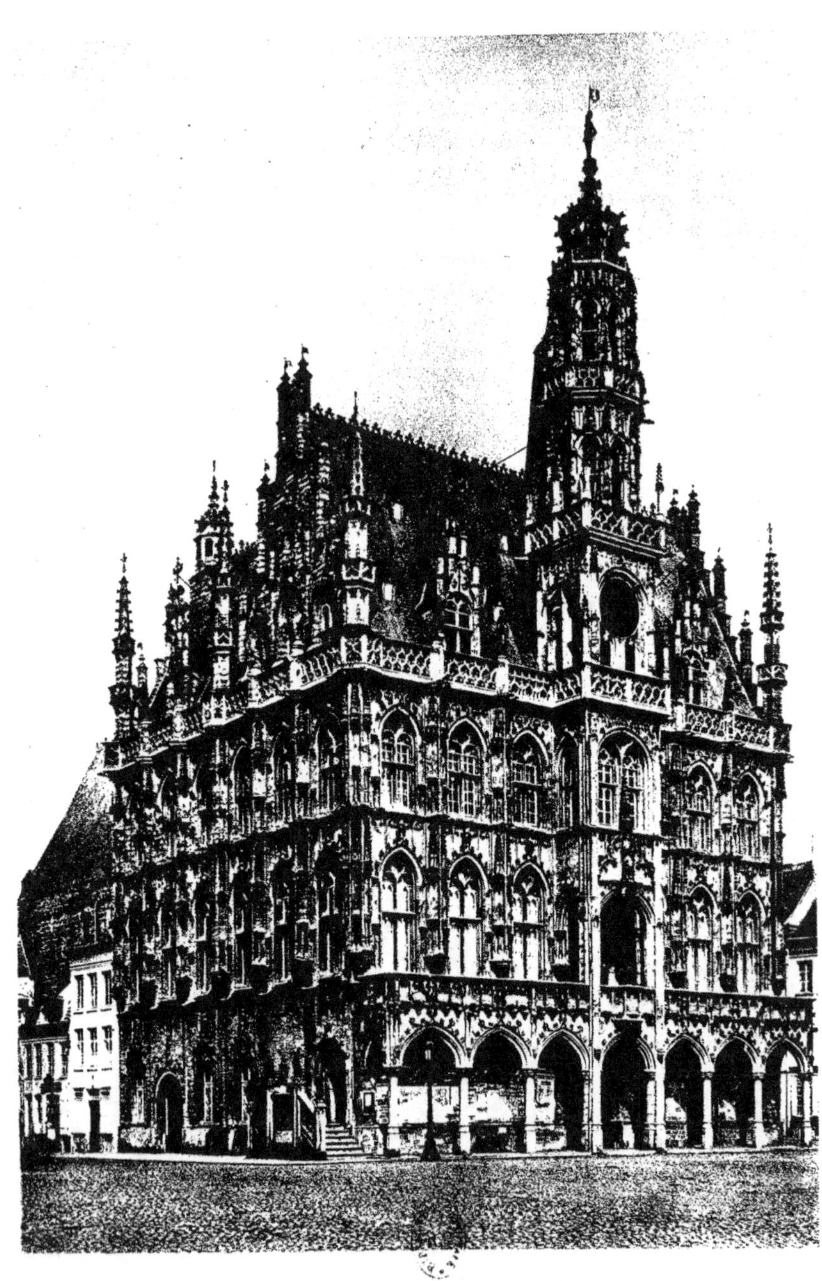

Hôtel de ville d'Audenarde, par Henri van Pede (1525-1529).

Château des Comtes de Flandre, à Gand (commencé en 1180).

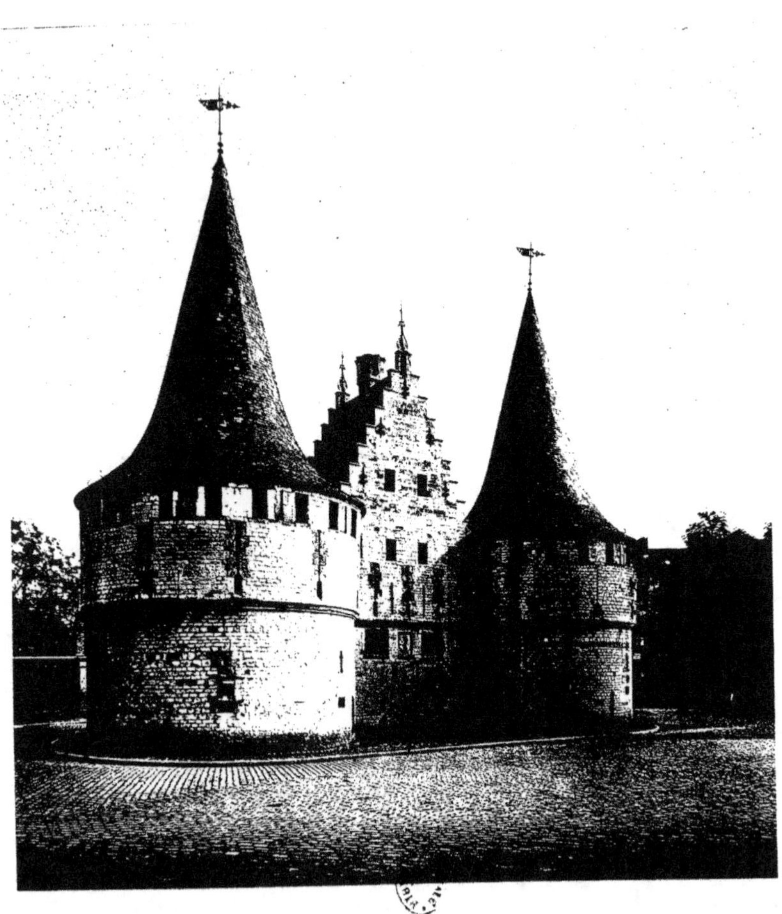

Porte du Rabot, à Gand (1489).

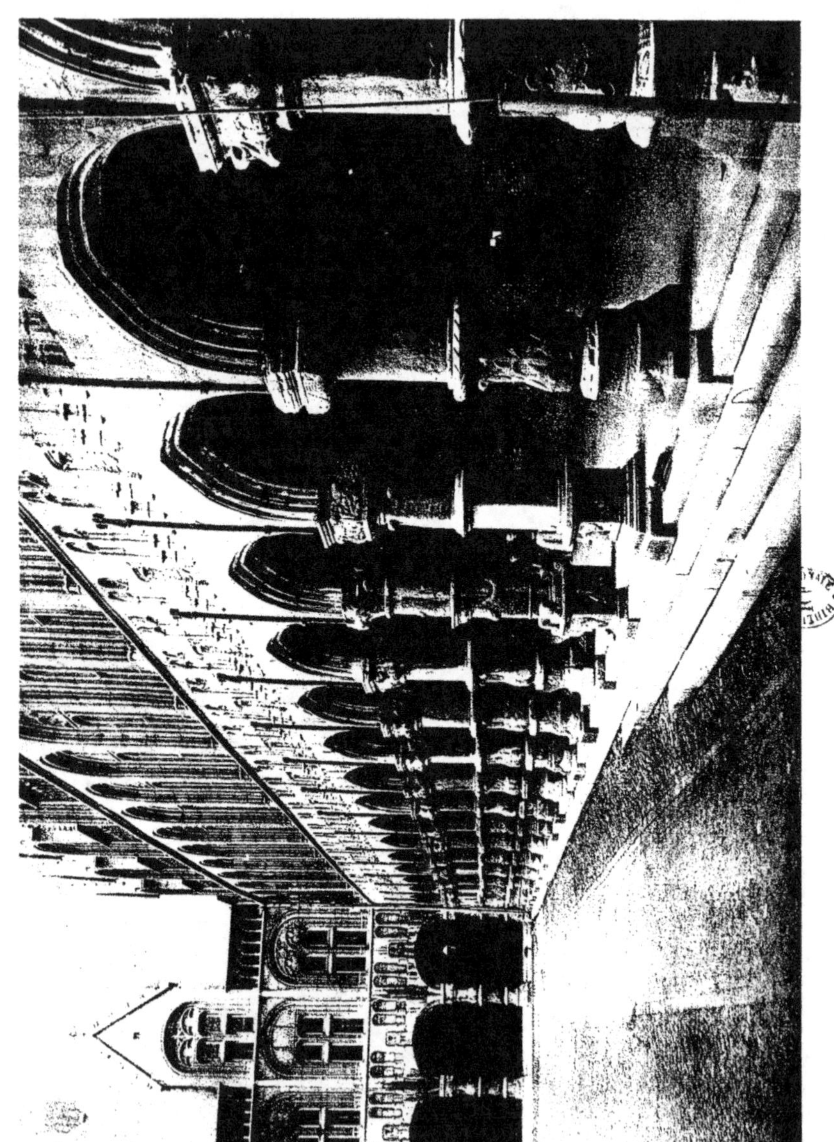

Cour du palais des princes-évêques, à Liége, par Aert van Mulcken (1526).

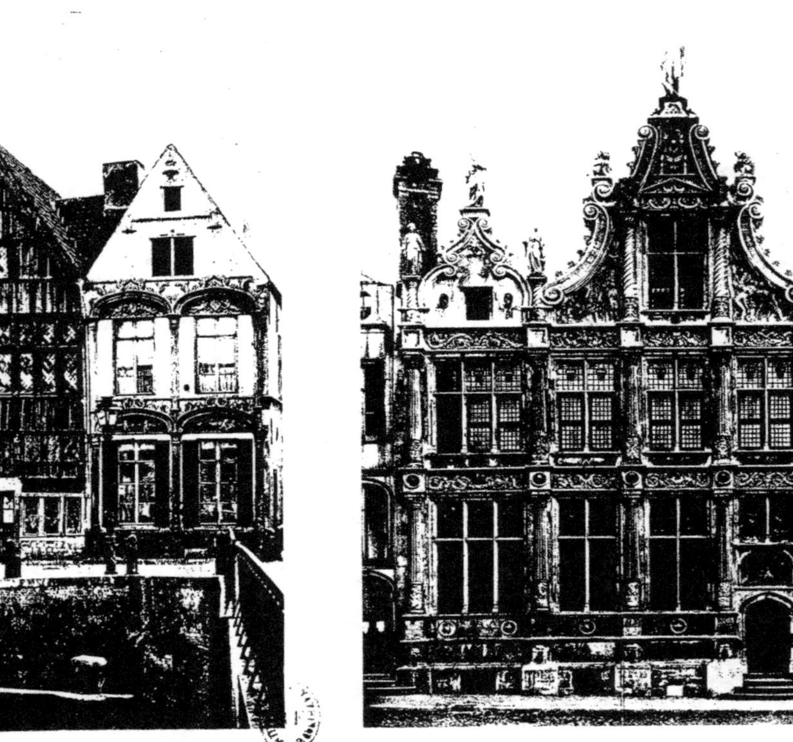

Maisons de Saint-Joseph, des Diables, d'Adam et d'Ève, à Malines
(XVIe siècle).

Le Greffe du Franc, à Bruges (1535-1537).

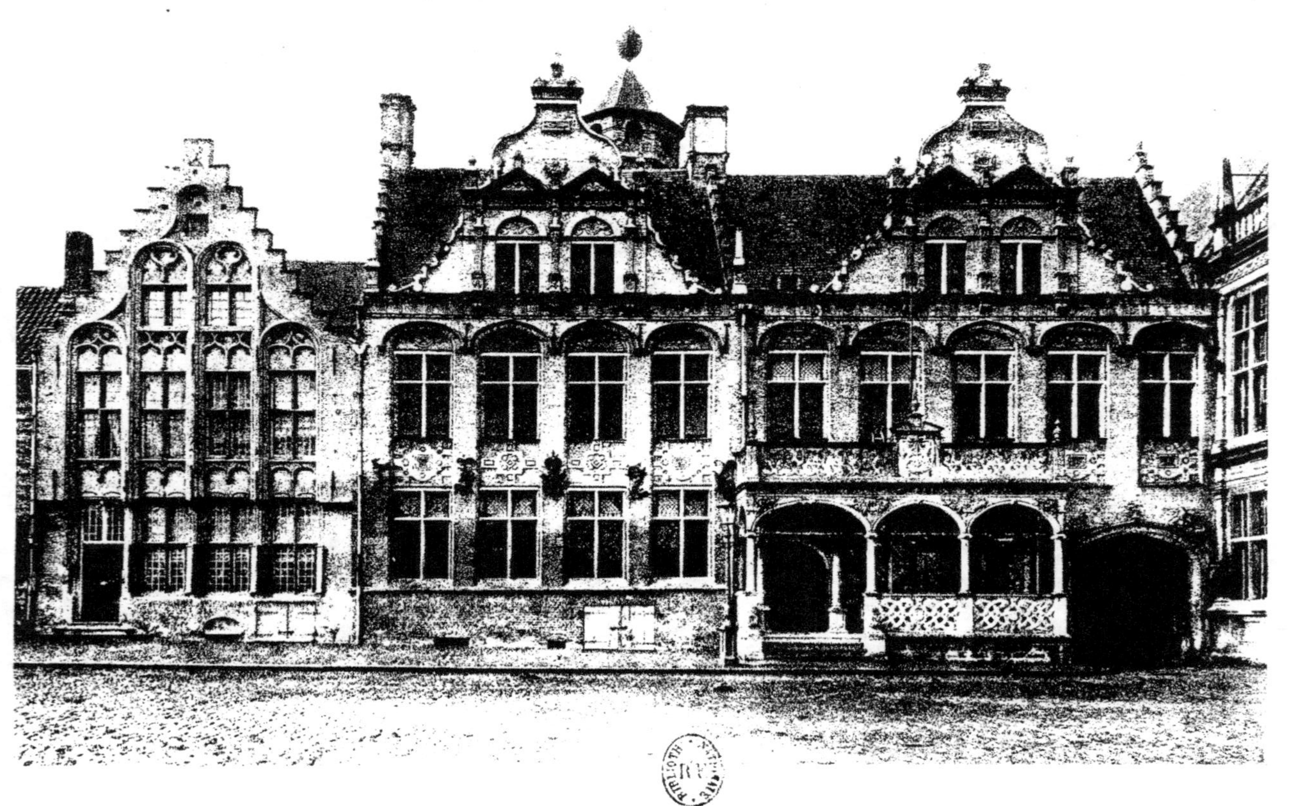

Hôtel de ville de Furnes (1596-1612).

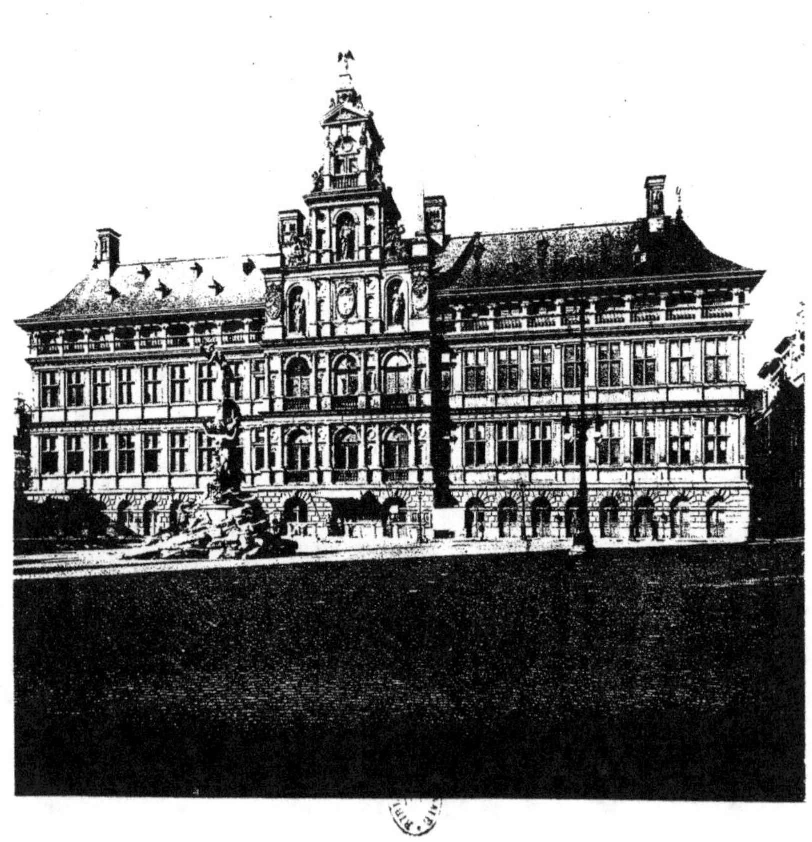

Hôtel de ville d'Anvers, par Corneille Floris (1561).

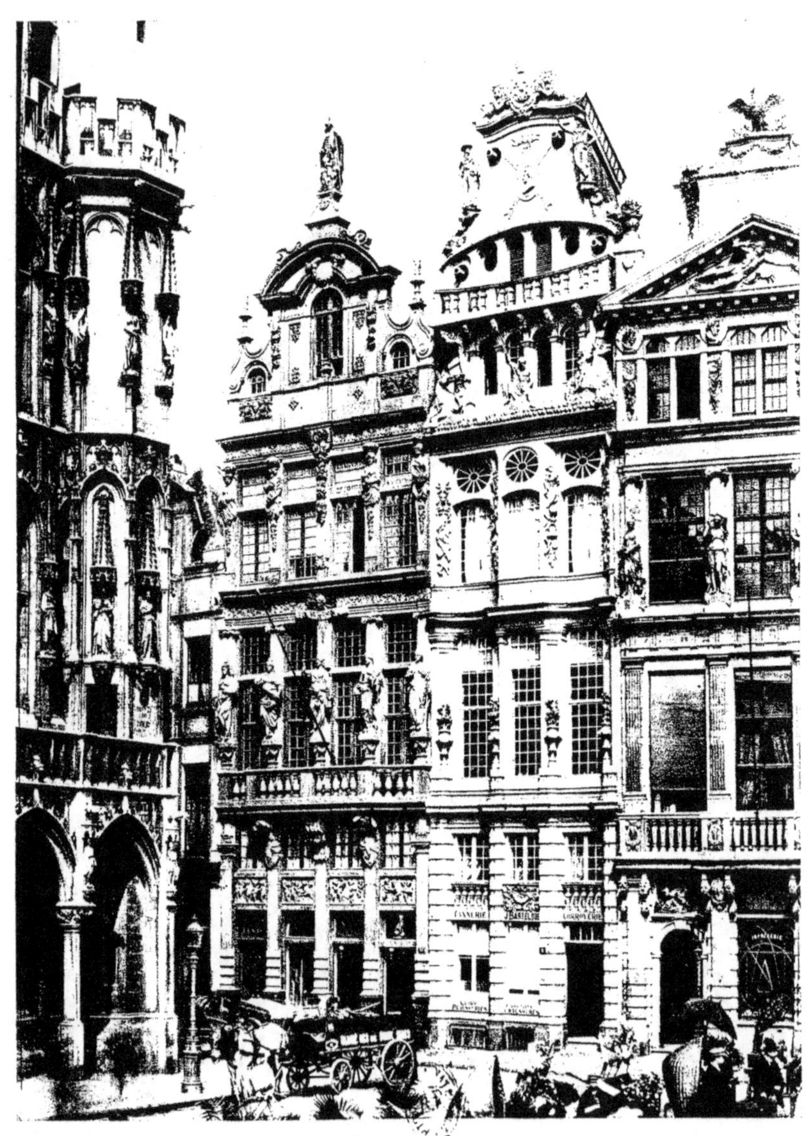

Maisons de la Grand'Place, à Bruxelles
(fin du XVII\u1d49 siècle).

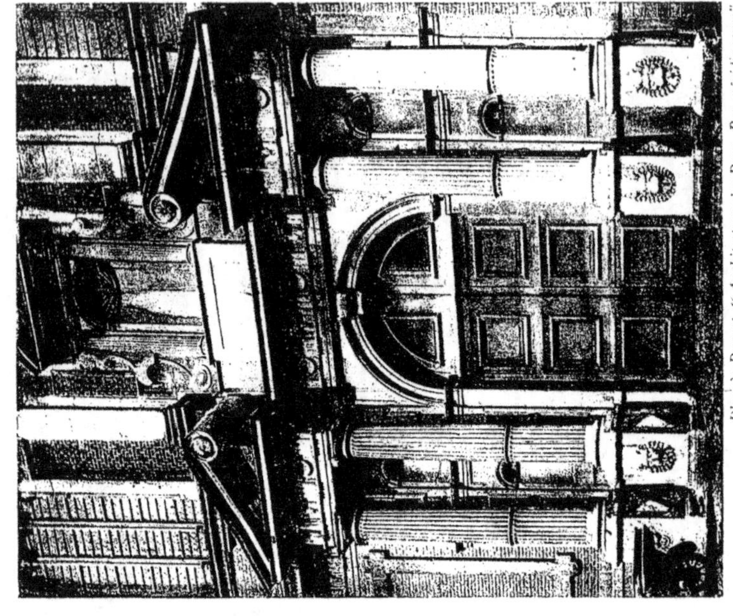

D'après Parent, " Architecture des Pays-Bas méridionaux ".

Portail de la chapelle du lycée, à Saint-Omer.
par le Fr. Jean du Blocq (1629).

Portail de la chapelle du collège des Jésuites,
(aujourd'hui église du Séminaire), à Tournai,
par le Fr. Henri Hoeimaker (1603).

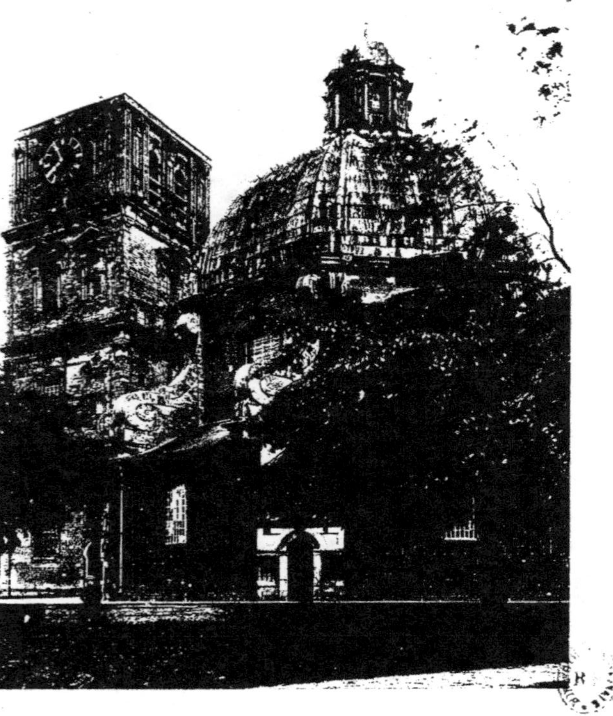

Église Notre-Dame, à Montaigu,
par Wenceslas Cobergher (1609).

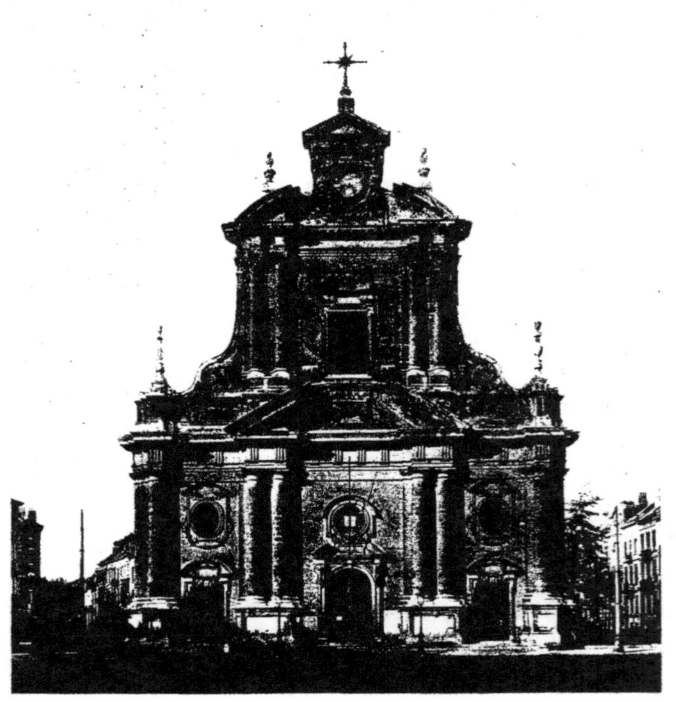

Façade de l'église de la Trinité, à Bruxelles,
par Jacques Francart (1621).

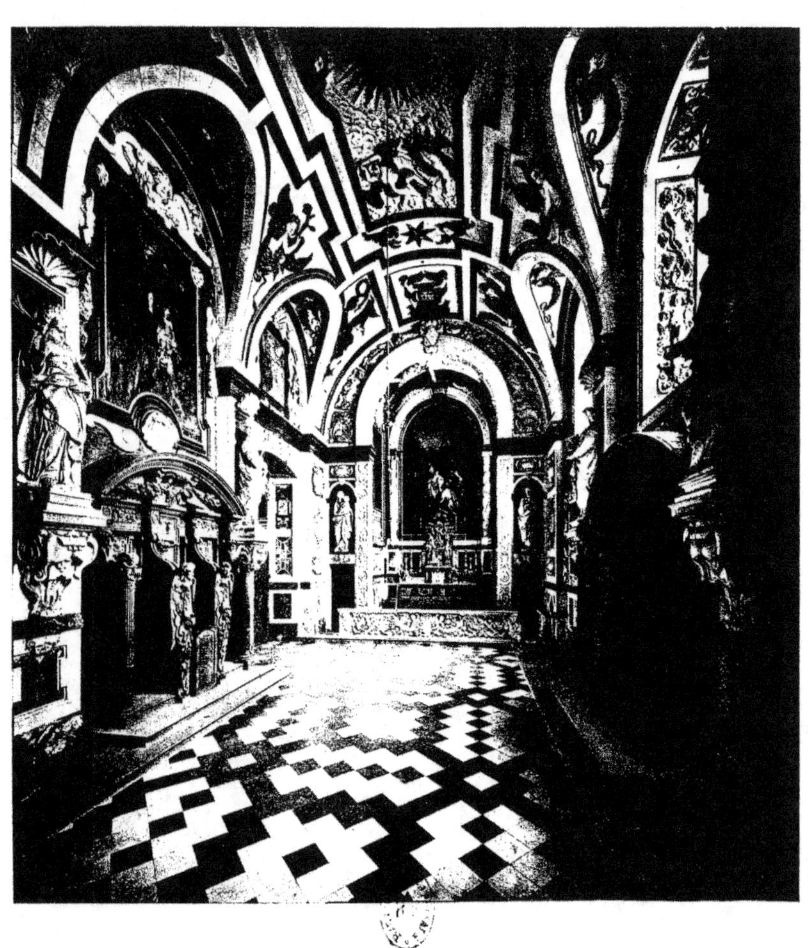

Chœur de l'église Saint-Charles Borromée, à Anvers,
par Huyssens et le P. Aguilon (1615-1621).

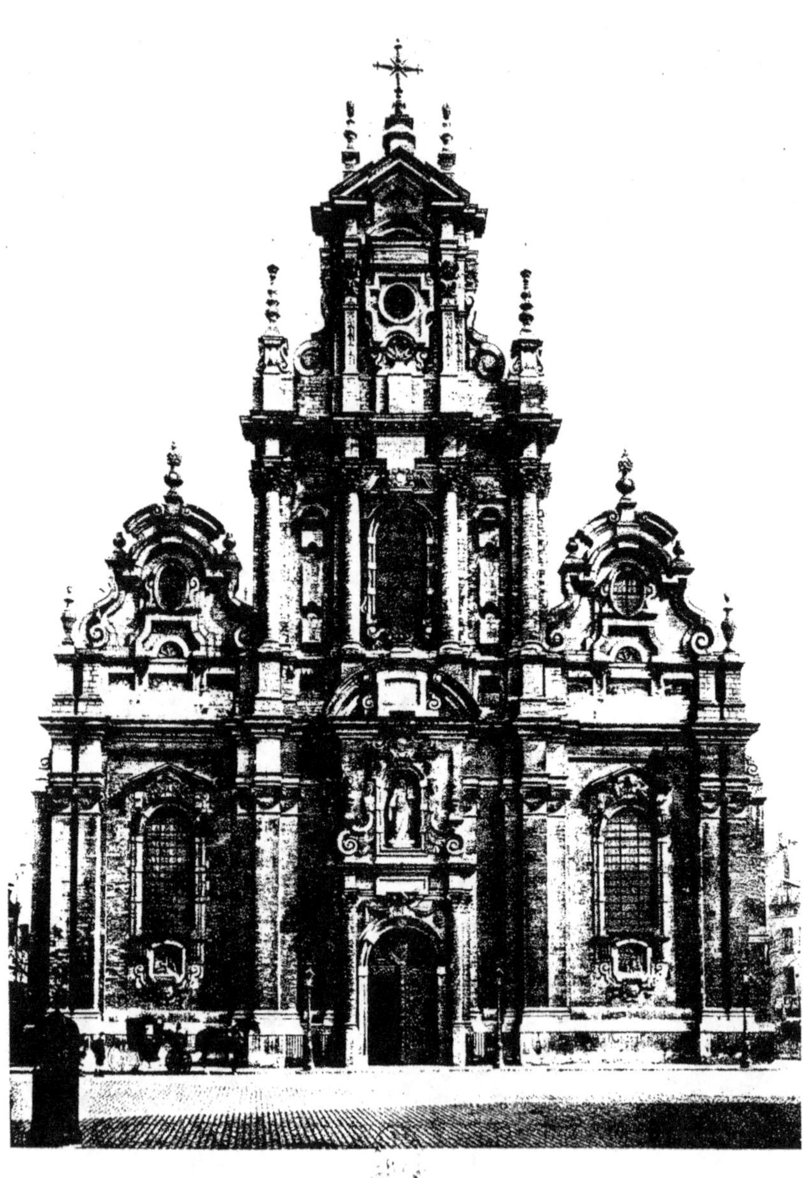

Église Saint-Jean-Baptiste au Béguinage à Bruxelles (1657-1677).

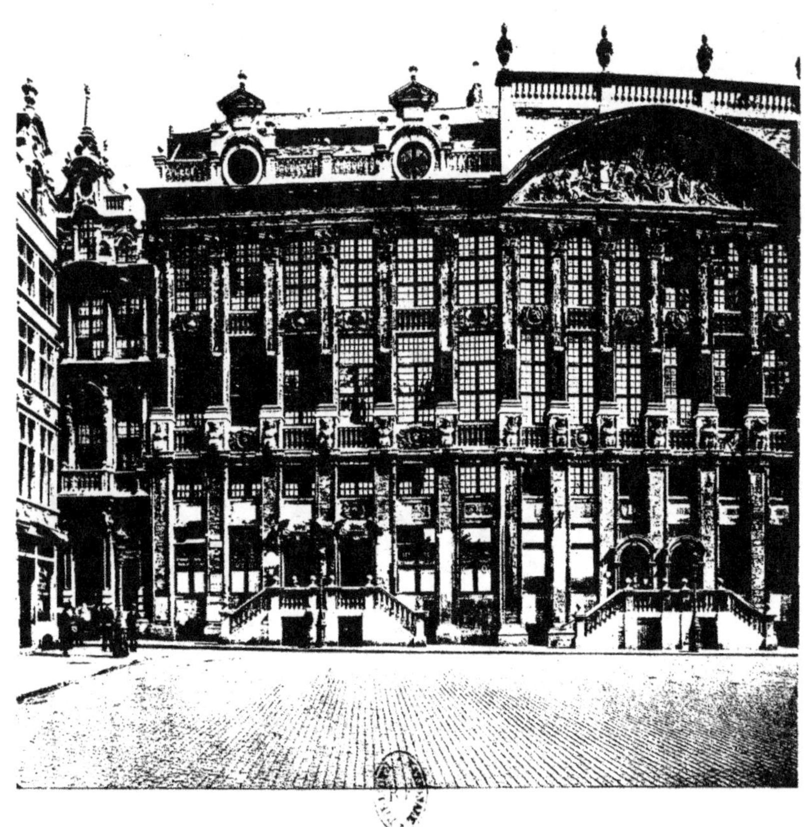

Maison dite des Ducs de Brabant, à Bruxelles, par Guillaume de Bruyn.

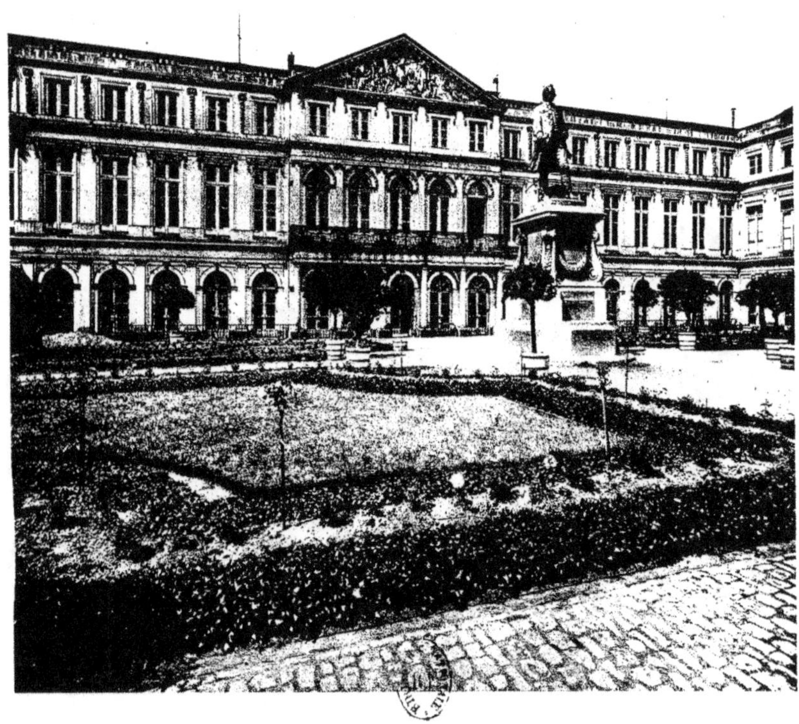

Ancien palais de Charles de Lorraine (aujourd'hui Bibliothèque royale) à Bruxelles,
par Barnabé Guimard.

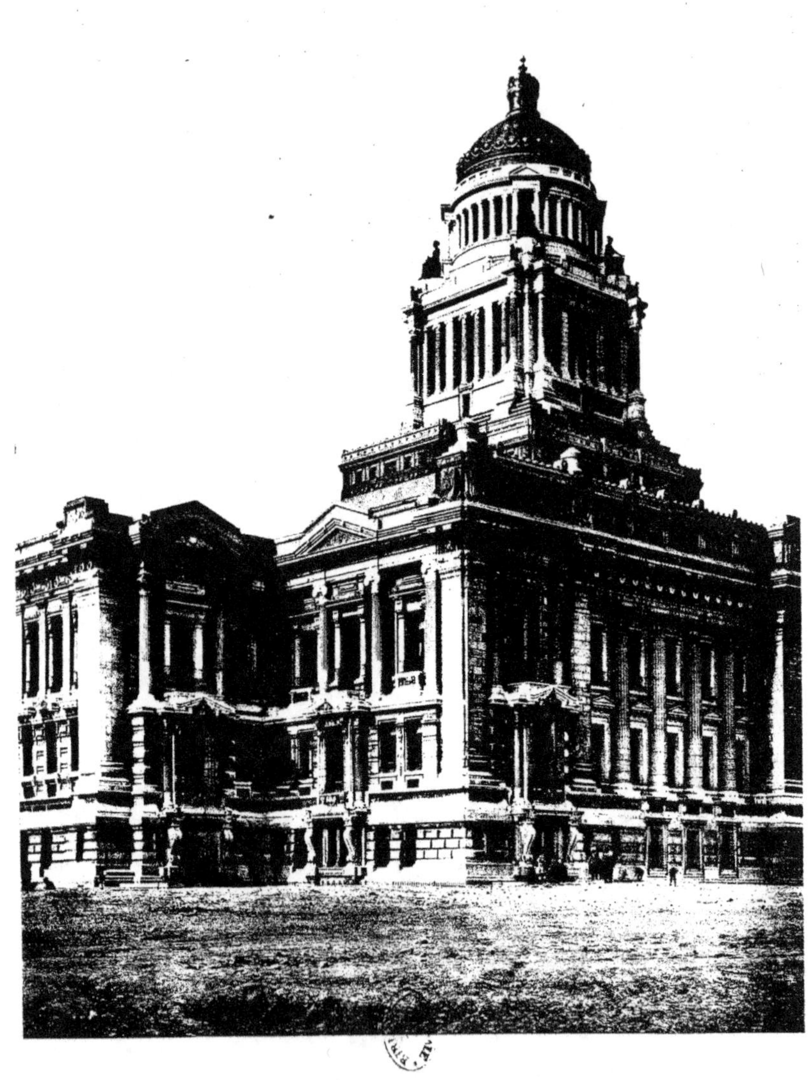

Le Palais de Justice, à Bruxelles, par Poelaert (1866-1883).

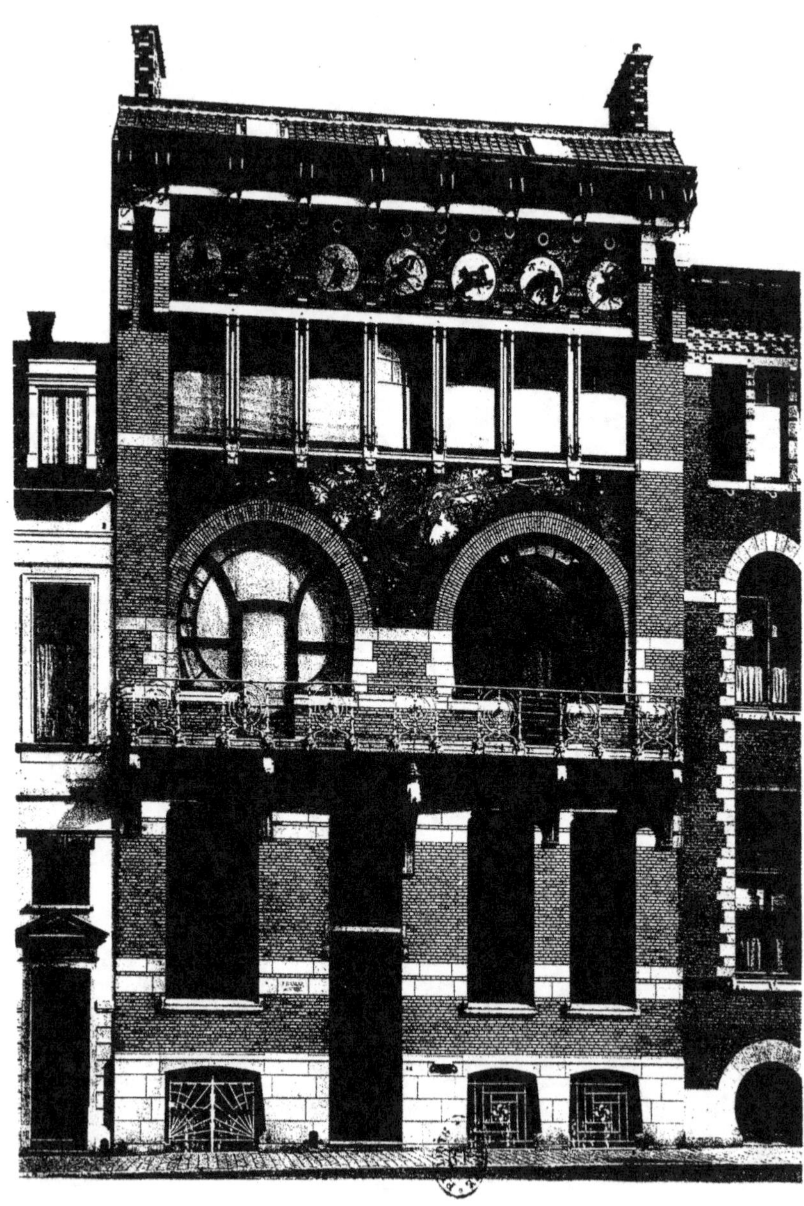

Maison moderne, à Bruxelles, par Victor Horta.

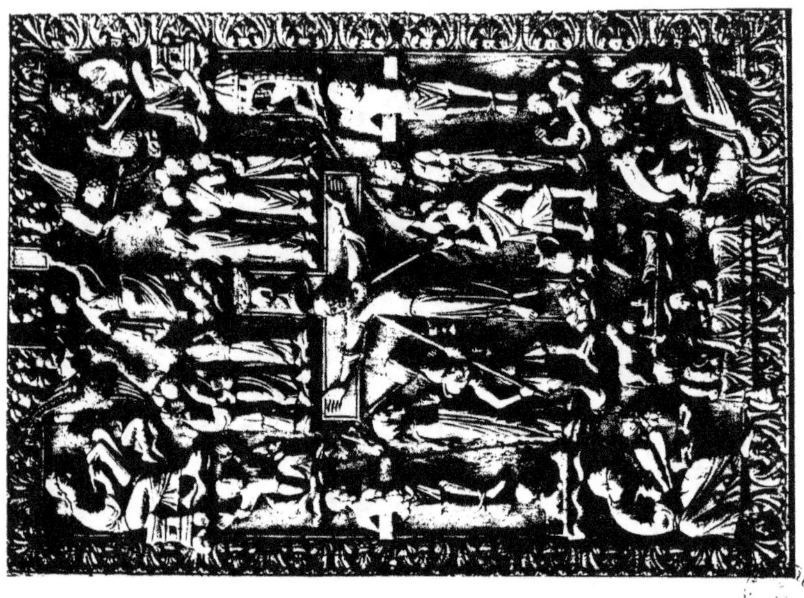

La Nativité, le Crucifiement, l'Ascension, entre les Évangélistes,
ivoire de Liége (première moitié du xi⁲ siècle).
(Musée du Cinquantenaire, Bruxelles.)

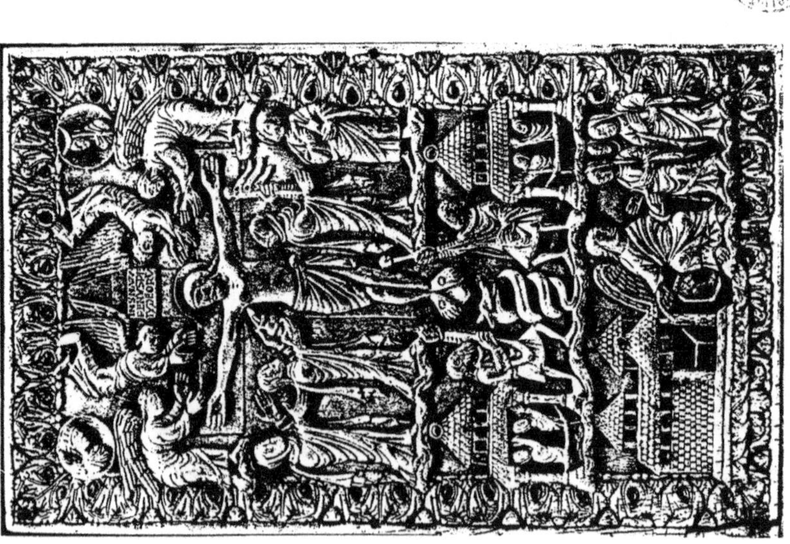

Le Crucifiement, les Saintes Femmes au tombeau,
ivoire de Metz (ix⁲ siècle).
(Bibliothèque Nationale, Paris.)

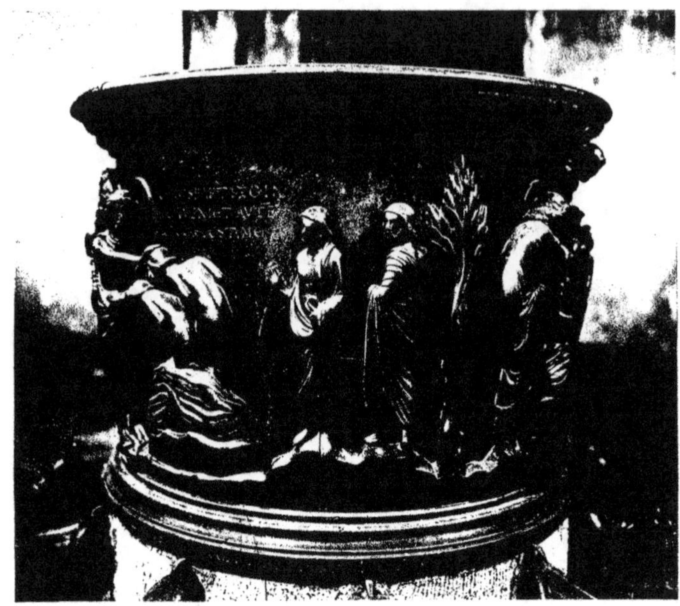

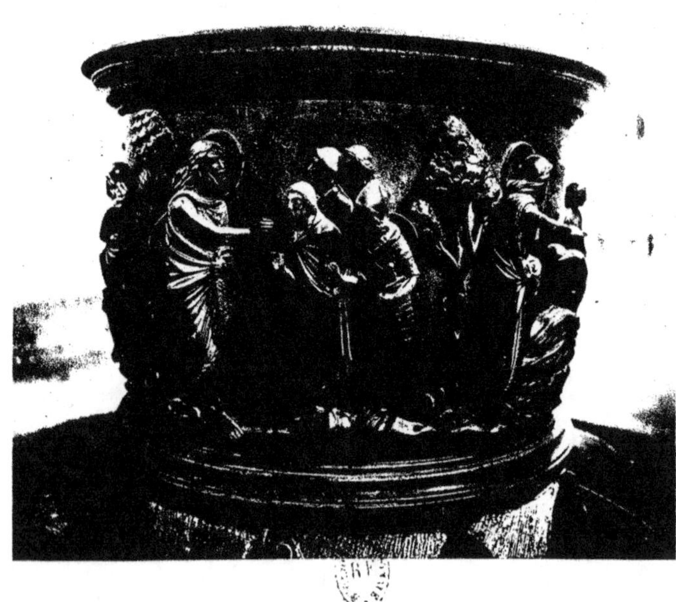

Fonts baptismaux, laiton fondu, par Renier de Huy (début du xiie siècle).
(Église Saint-Barthélemy, Liége.)

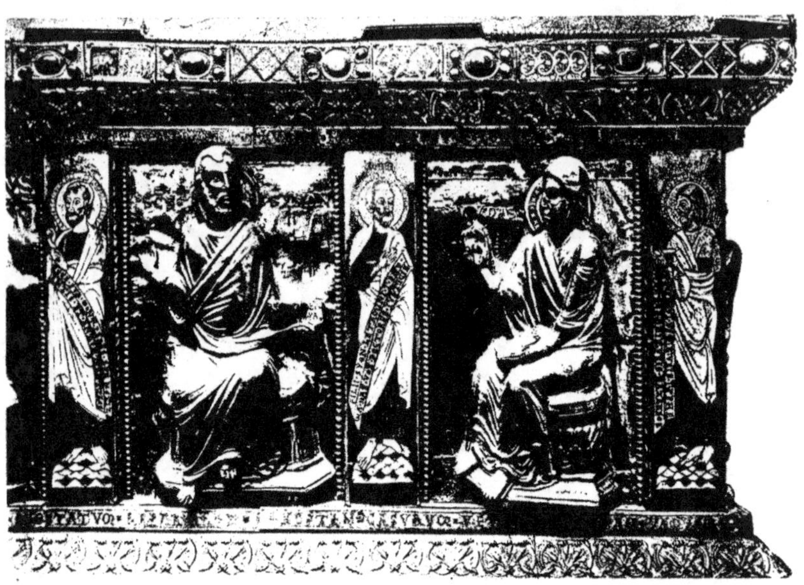

Apôtres de la châsse de saint Héribert, argent repoussé, ciselé et doré,
par Godefroid de Claire (vers 1160).
(Église de Deutz.)

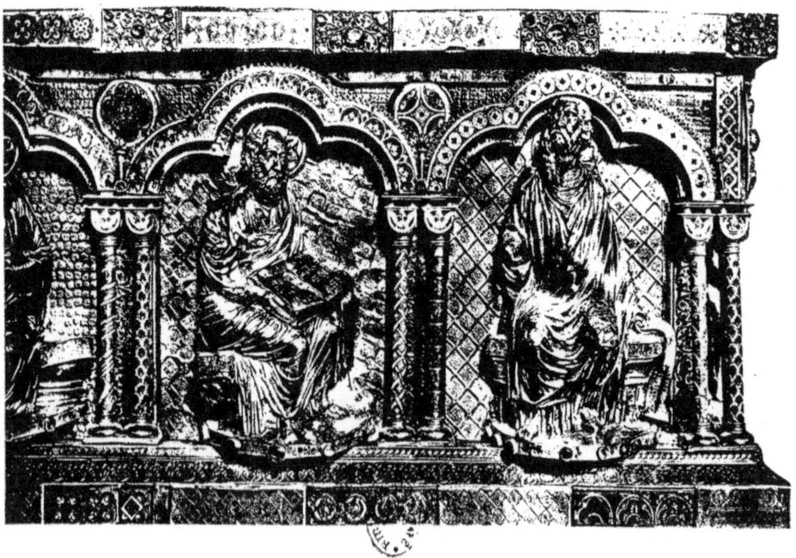

Apôtres de la châsse des Rois Mages, argent repoussé, ciselé et doré,
par Nicolas de Verdun (1195-1196).
(Cathédrale de Cologne.)

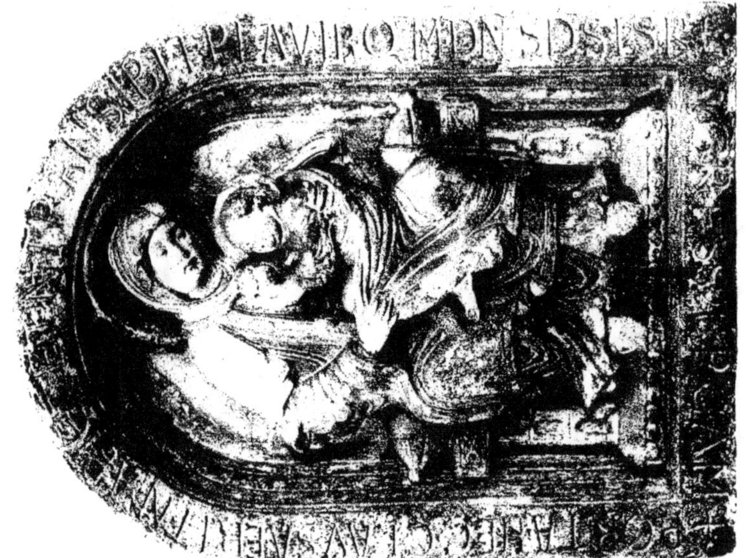

Vierge dite de Dom Rupert, pierre (xiie siècle).
(Musée archéologique, Liége.)

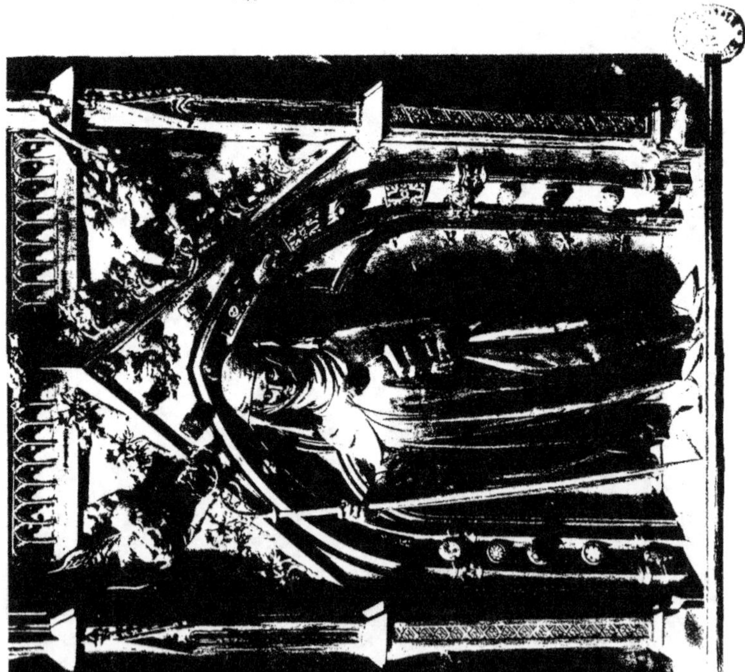

Châsse de sainte Gertrude, argent et vermeil (1272).
(Église de Nivelles.)

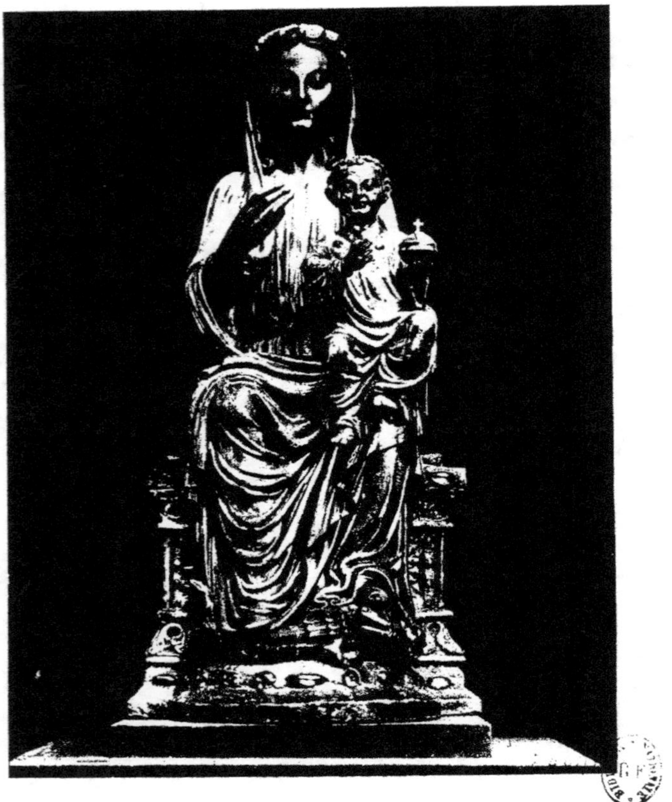

Vierge, statue en bois polychromé (xiiie siècle).
(Église Saint-Jean, Liége.)

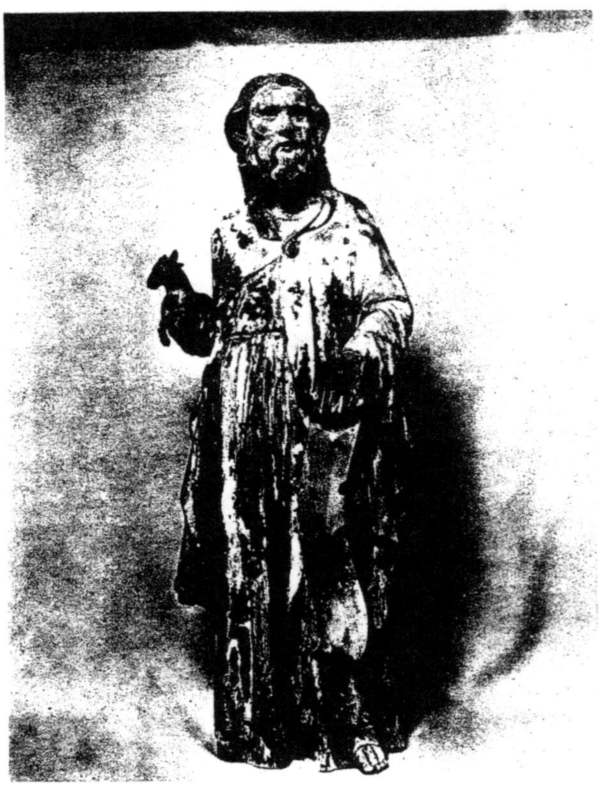

Évangéliste, statue en bois polychromé (xive siècle).
(Musée diocésain, Liége.)

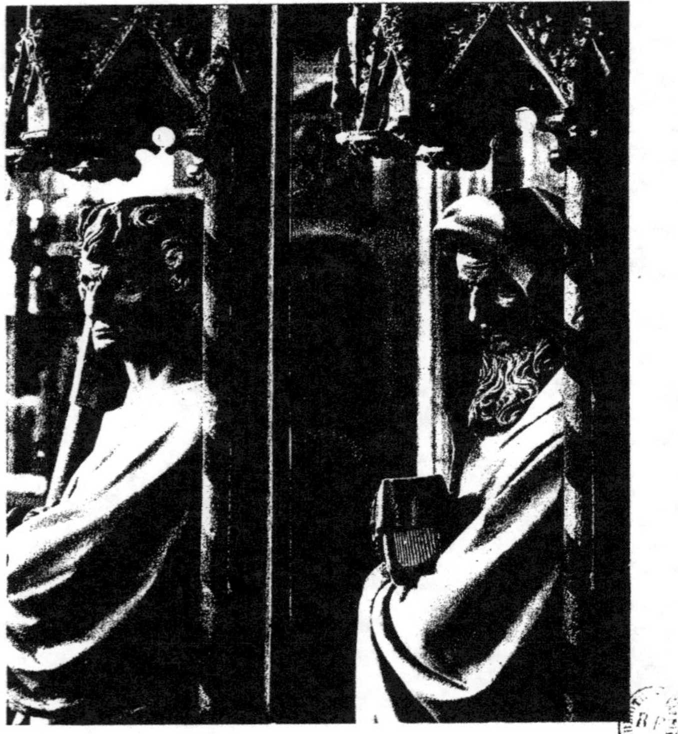

Apôtres, statues en pierre (fin du xive siècle).
(Portail Sud de l'église Notre-Dame, à Hal.)

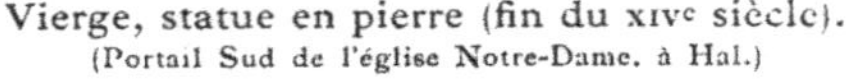

Vierge, statue en pierre (fin du xive siècle).
(Portail Sud de l'église Notre-Dame, à Hal.)

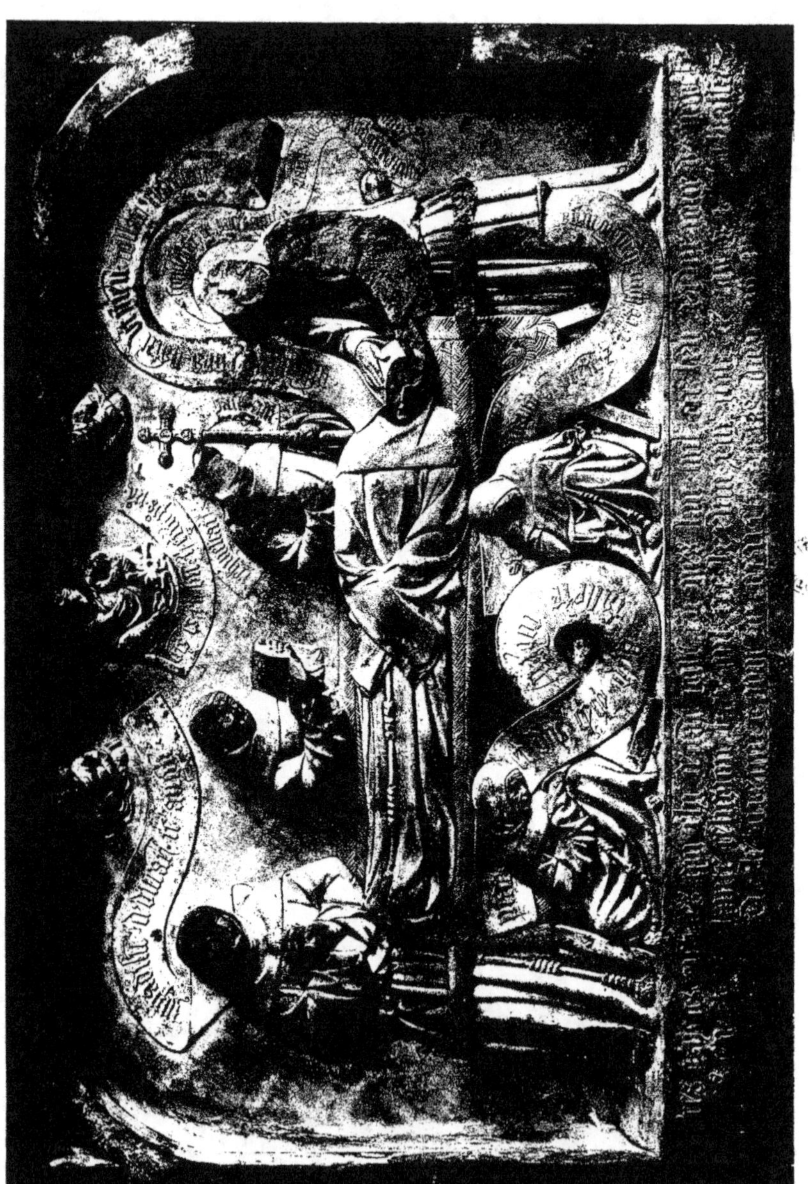

Monument votif du Fr. Jean Fiévez, pierre (1425).

(Musée du Cinquantenaire, Bruxelles.)

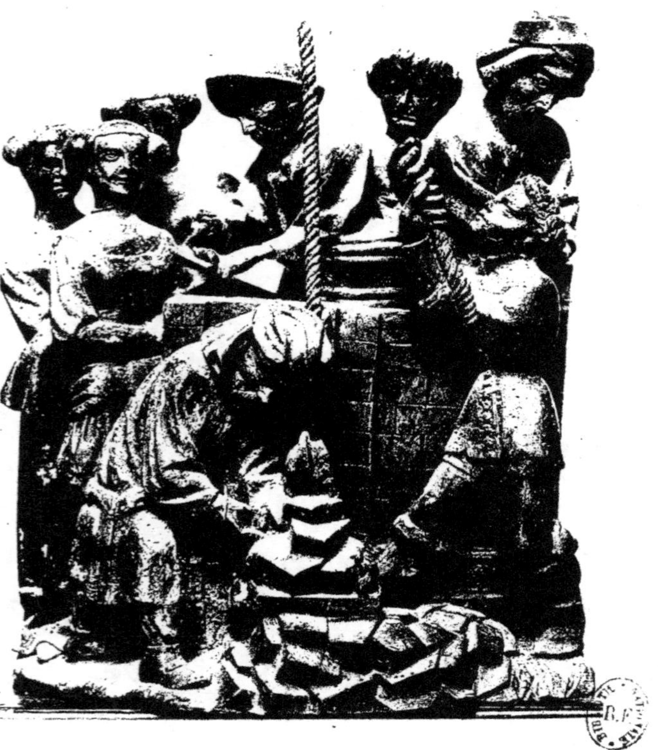

Les trois damoiselles faisant construire une église.

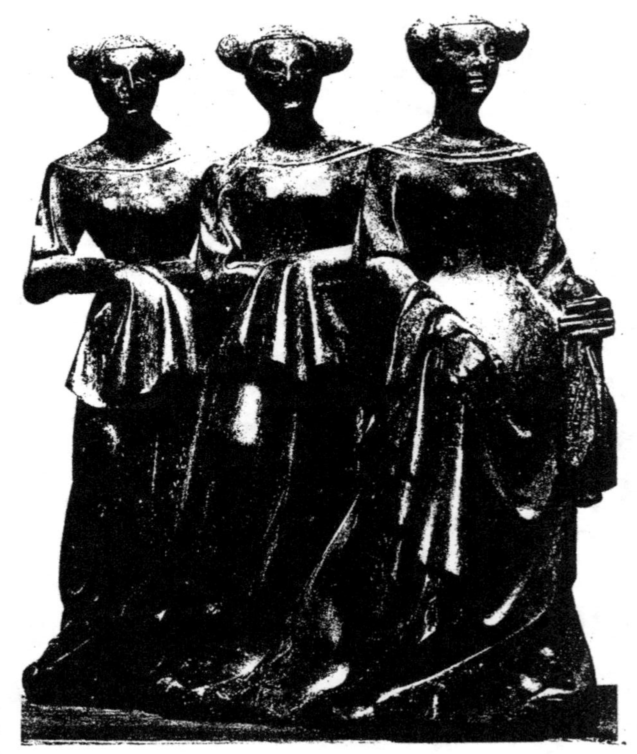

Les trois damoiselles se rendant à l'église.

Détails d'un retable en bois (fin du XIVe siècle).
(Église de Hackendover.)

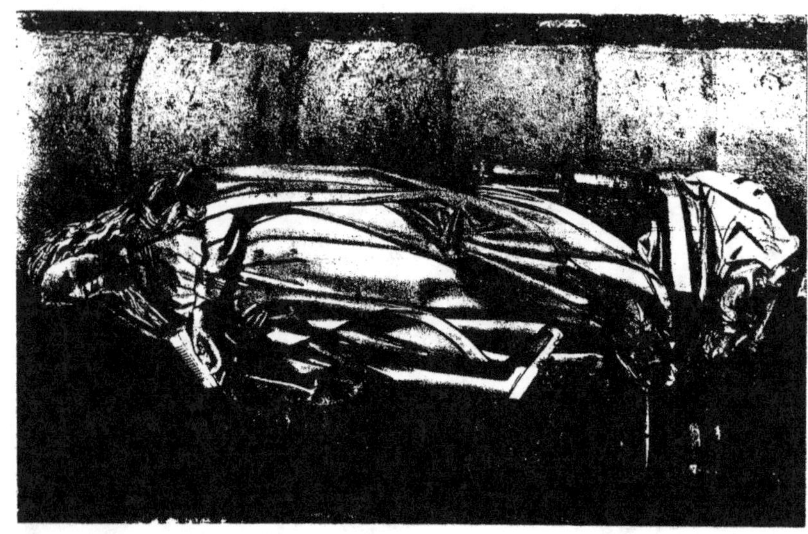

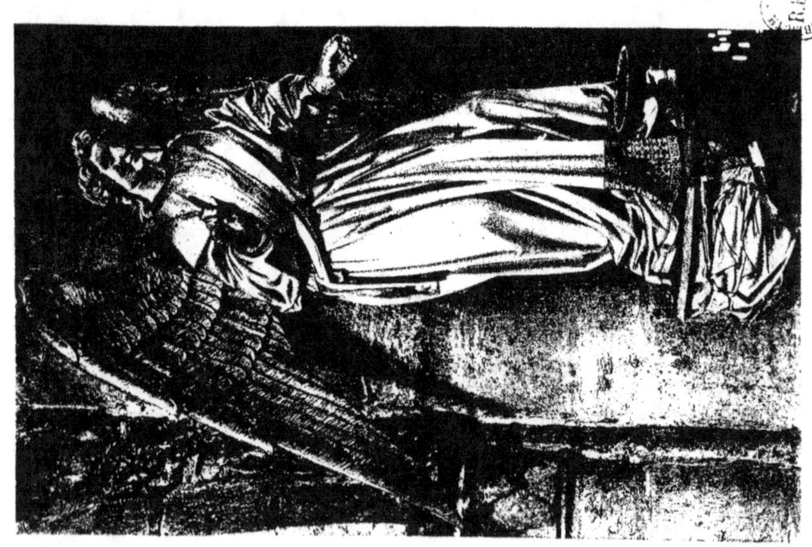

L'Annonciation, statues en pierre polychromée (xve siècle).
(Église de la Madeleine, Tournai.)

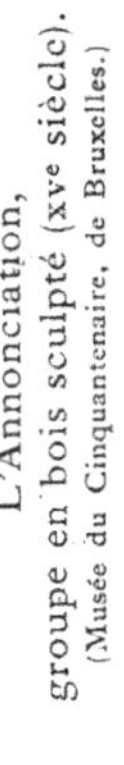

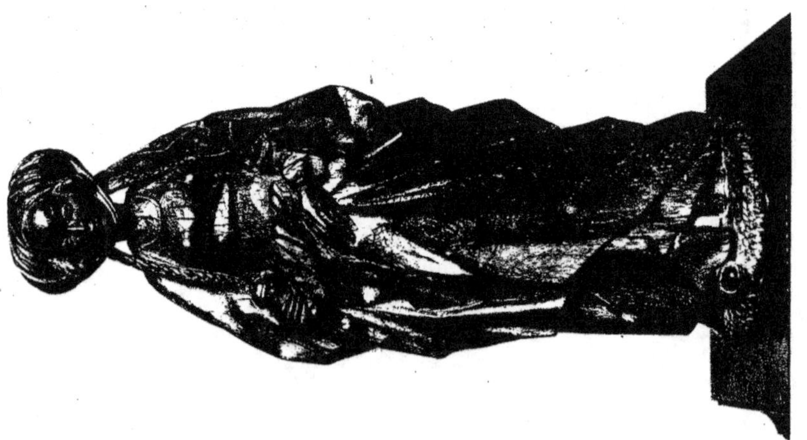

L'Annonciation,
groupe en bois sculpté (xve siècle).
(Musée du Cinquantenaire, de Bruxelles.)

Sainte Madeleine.
Statuette en bois sculpté (fin du xve siècle).
(Musée du Cinquantenaire, Bruxelles.)

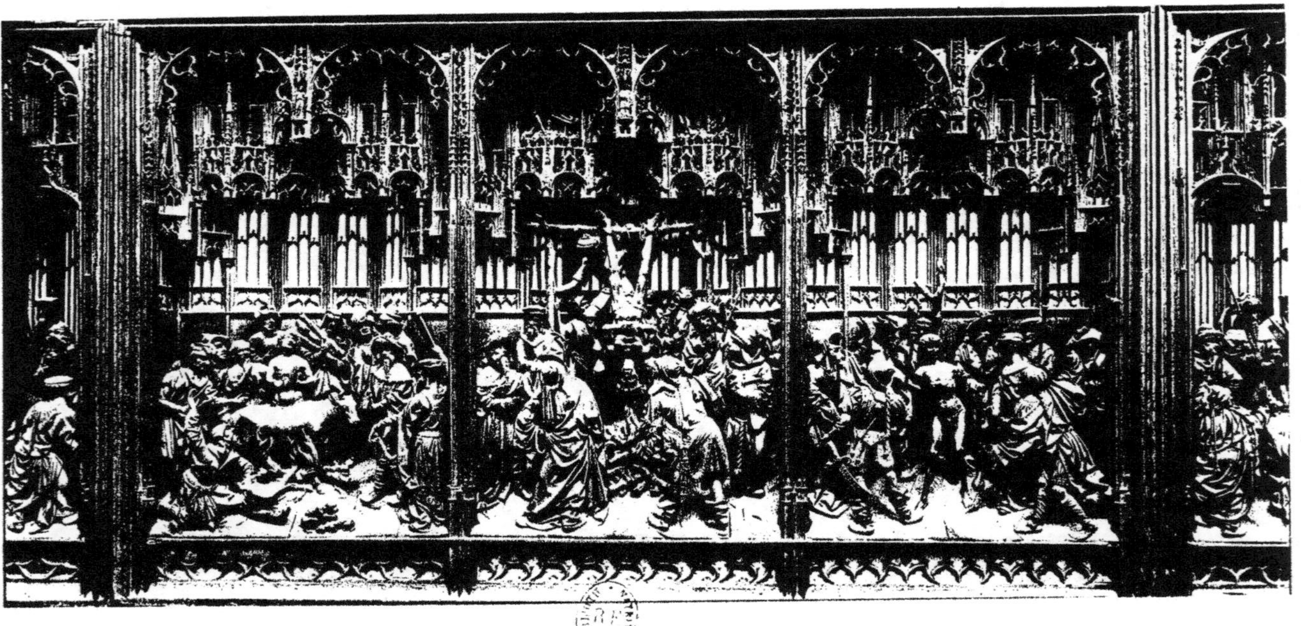

Retable de saint Georges,
bois sculpté, par Jean Borman (1493).
(Musée du Cinquantenaire de Bruxelles.)

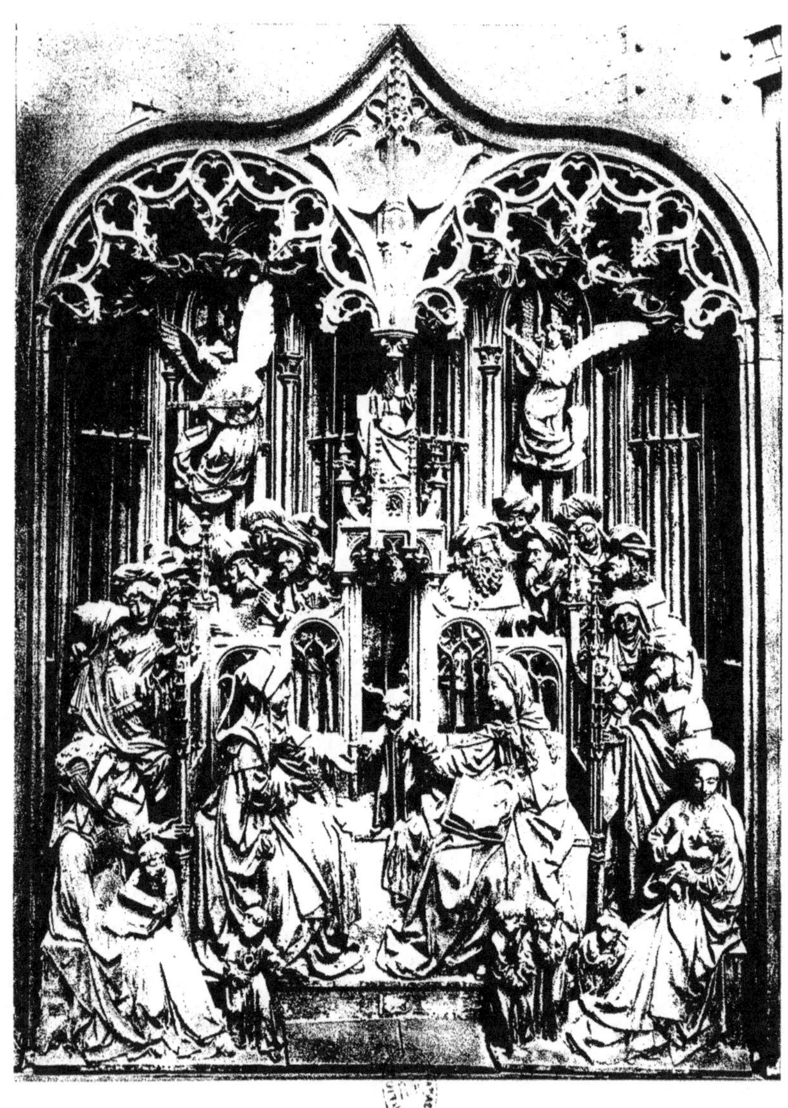

La Famille de sainte Anne
Retable en bois sculpté et polychromé, provenant d'Auderghem (premier tiers du XVIᵉ siècle).
(Musée du Cinquantenaire, Bruxelles.)

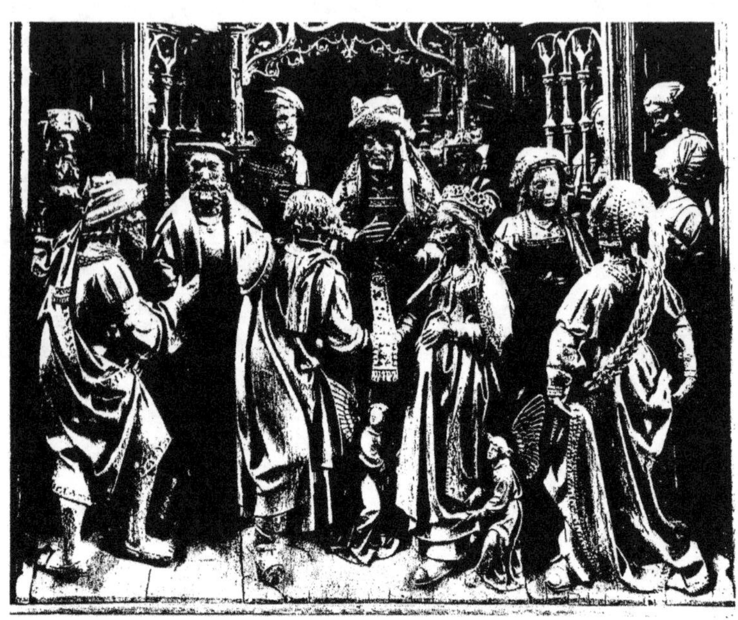

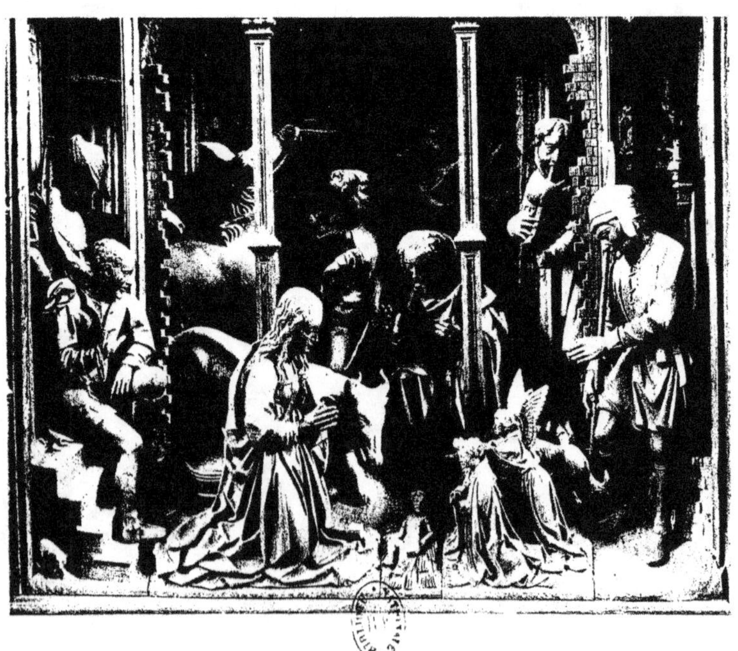

Le Mariage de la Vierge, la Nativité,
détails d'un retable en bois sculpté (premier tiers du XVIᵉ siècle).
(Musée du Cinquantenaire. Bruxelles.)

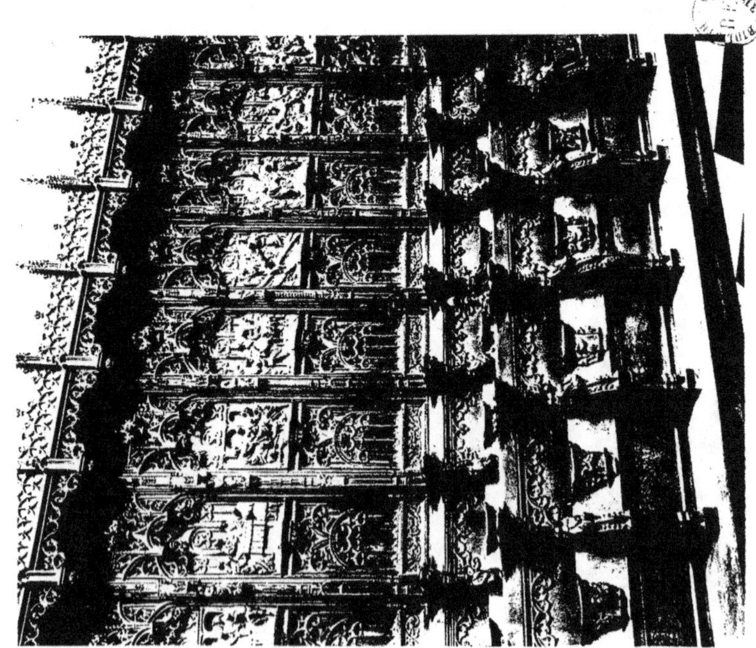

Stalles en bois sculpté (1538-1543) et détail d'une stalle.
(Église Sainte-Gertrude, Louvain.)

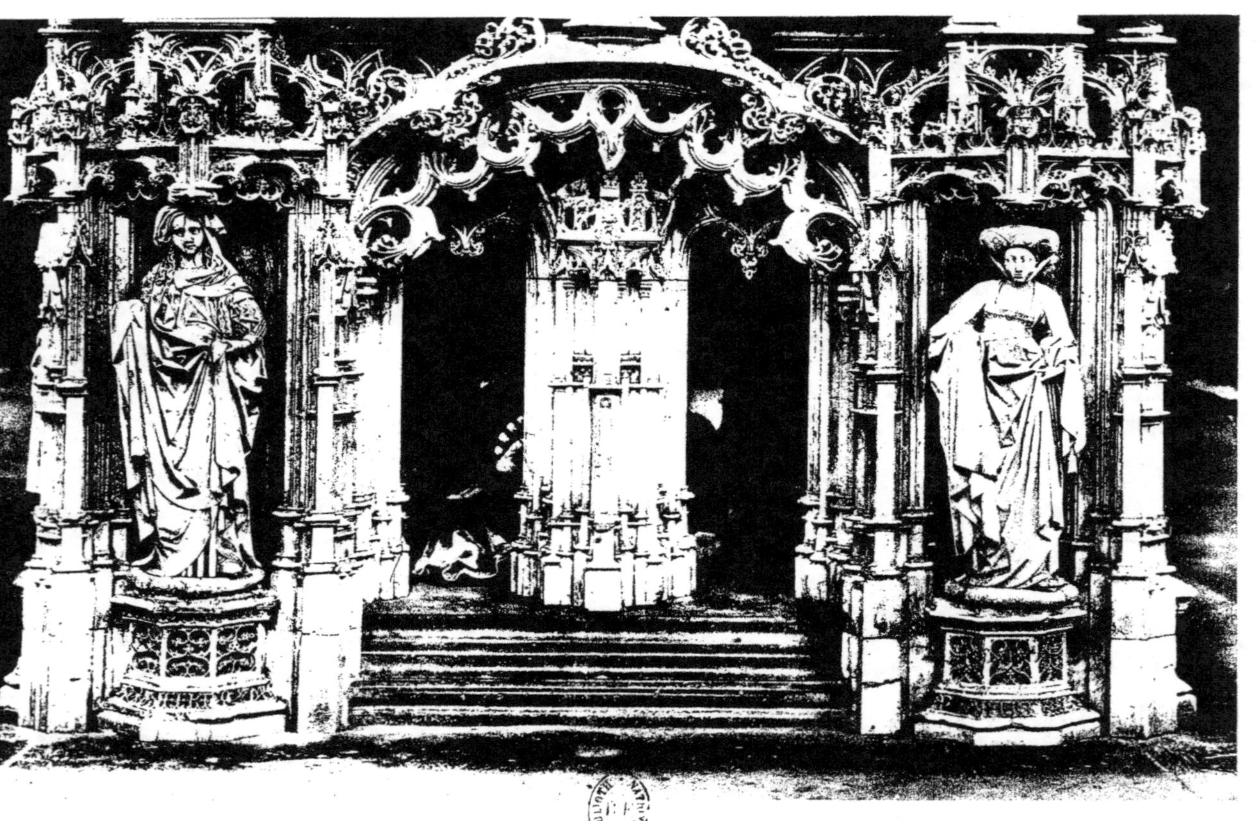

Tombeau de Philibert le Beau, albâtre et marbre (1569-1522) (détail).
(Église de Brou.)

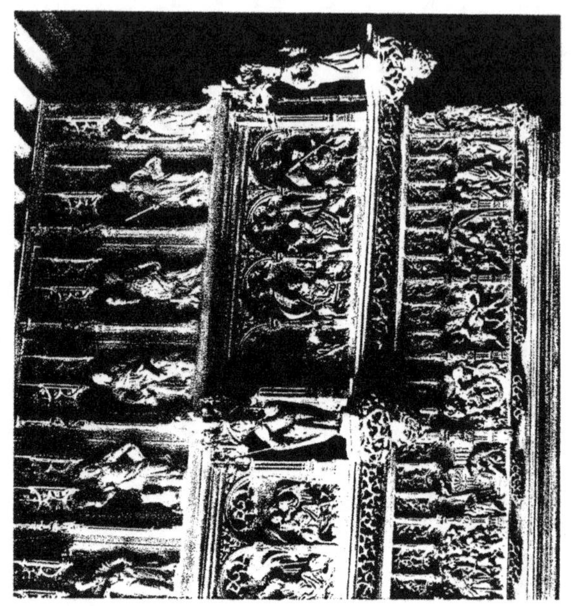

Cheminée sculptée, pierre (1530).
(Hôtel de ville de Courtrai.)

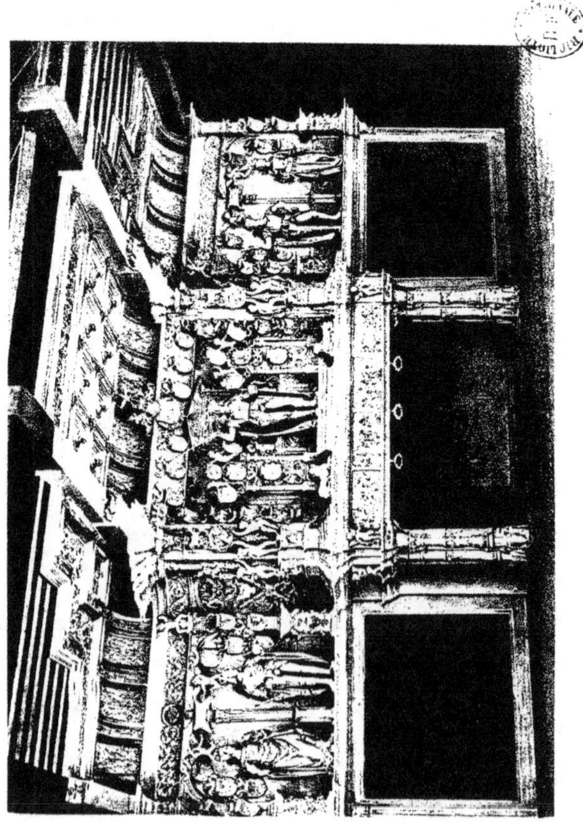

Cheminée sculptée, bois, marbre et albâtre (1528-1531).
(Greffe du Franc, Bruges.)

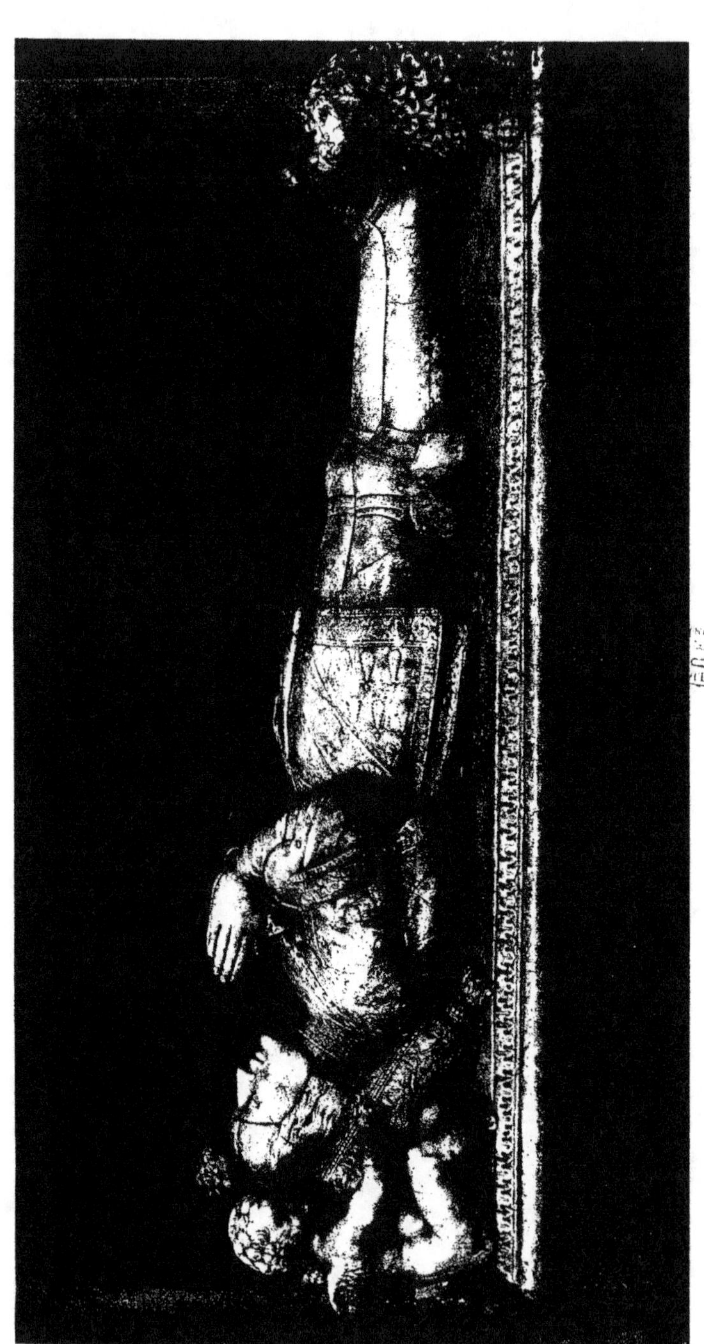

Tombeau de Maximilien de Hornes, albâtre, par Jean Mone.
(Église de Braine-le-Château.)

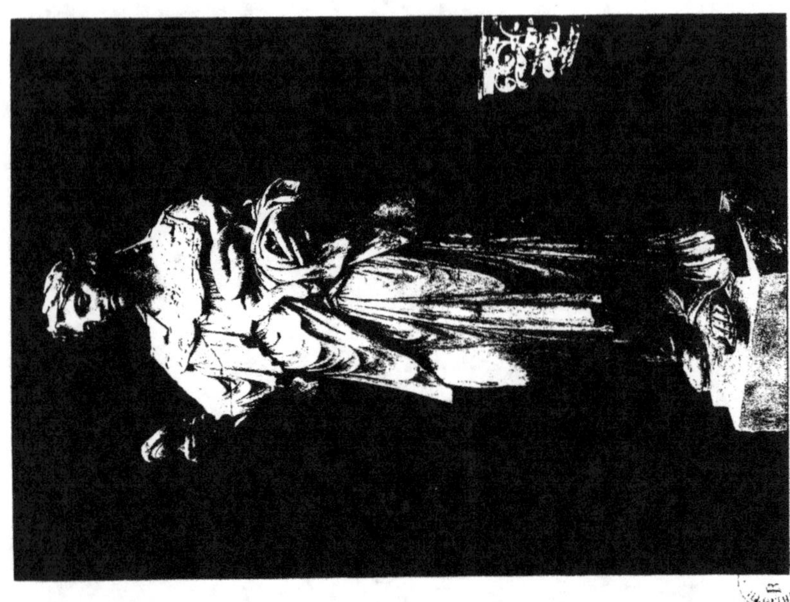

La Prudence

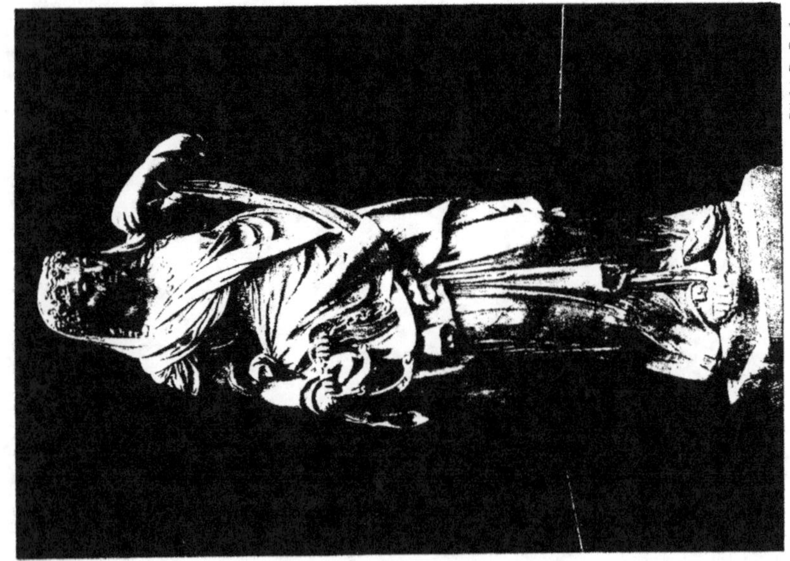

La Tempérance

Statues en albâtre, par Jacques Dubroeucq.

(Ancien jubé de l'église Sainte-Waudru de Mons.)

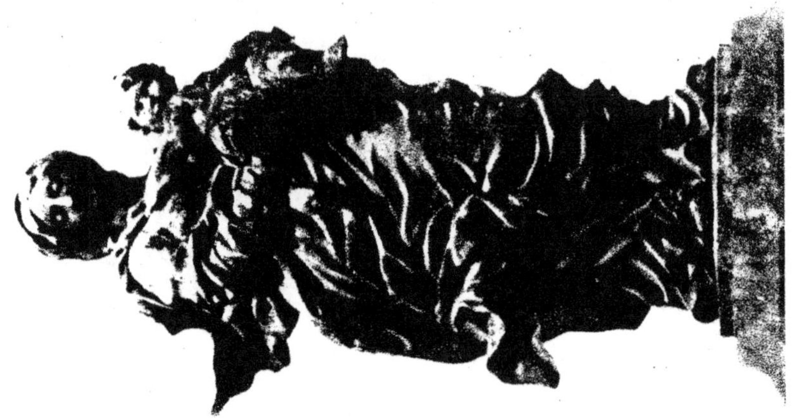

La Vierge et l'Enfant
Statue en bronze, par Jean Delcour.
(Fontaine de la rue Vinave-d'Ile. Liége.)

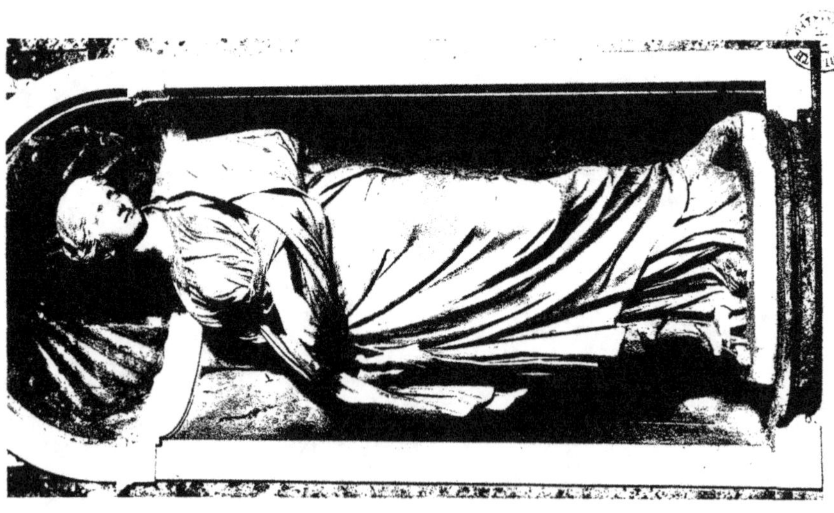

Sainte Suzanne
Statue en marbre, par François Duquesnoy.
(Église Notre-Dame-de-Lorette. Rome.)

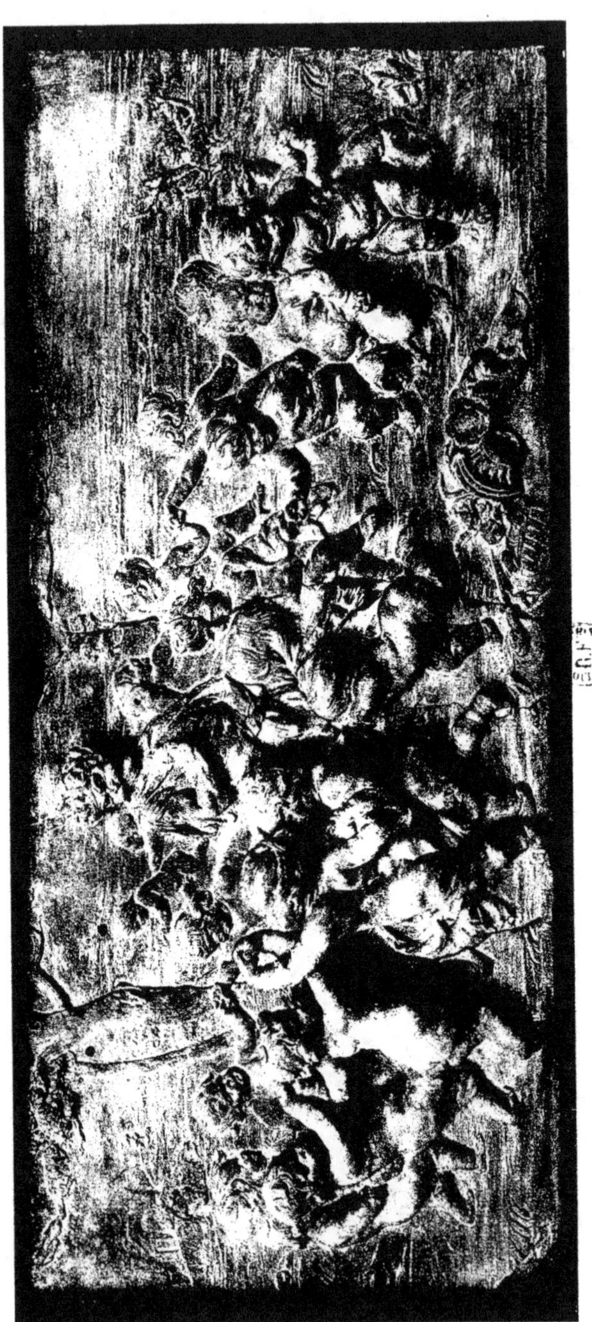

Ronde d'Amours,
bas-relief en terre cuite, par Lucas Faydherbe.
(Musée du Cinquantenaire, Bruxelles.)

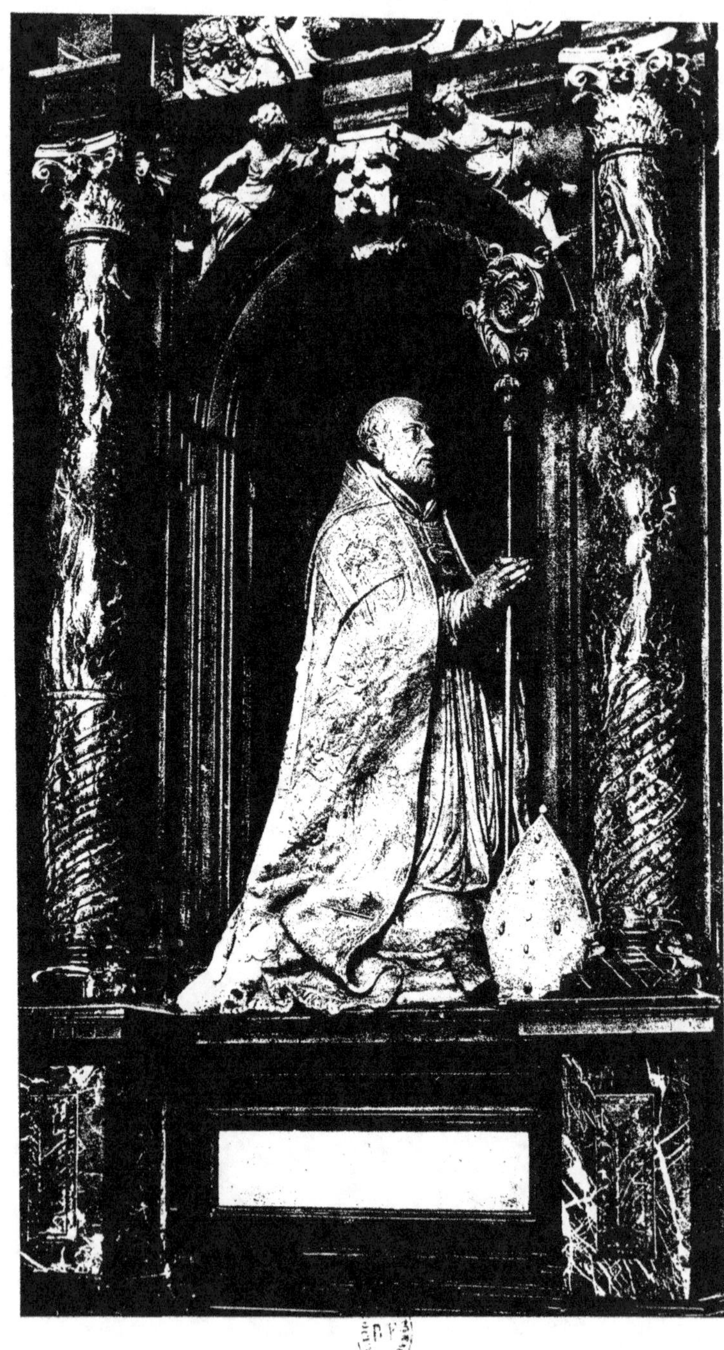

Tombeau d'Antoine de Hennin, albâtre, par Urbain Taillebert.
(Église Saint-Martin, Ypres.)

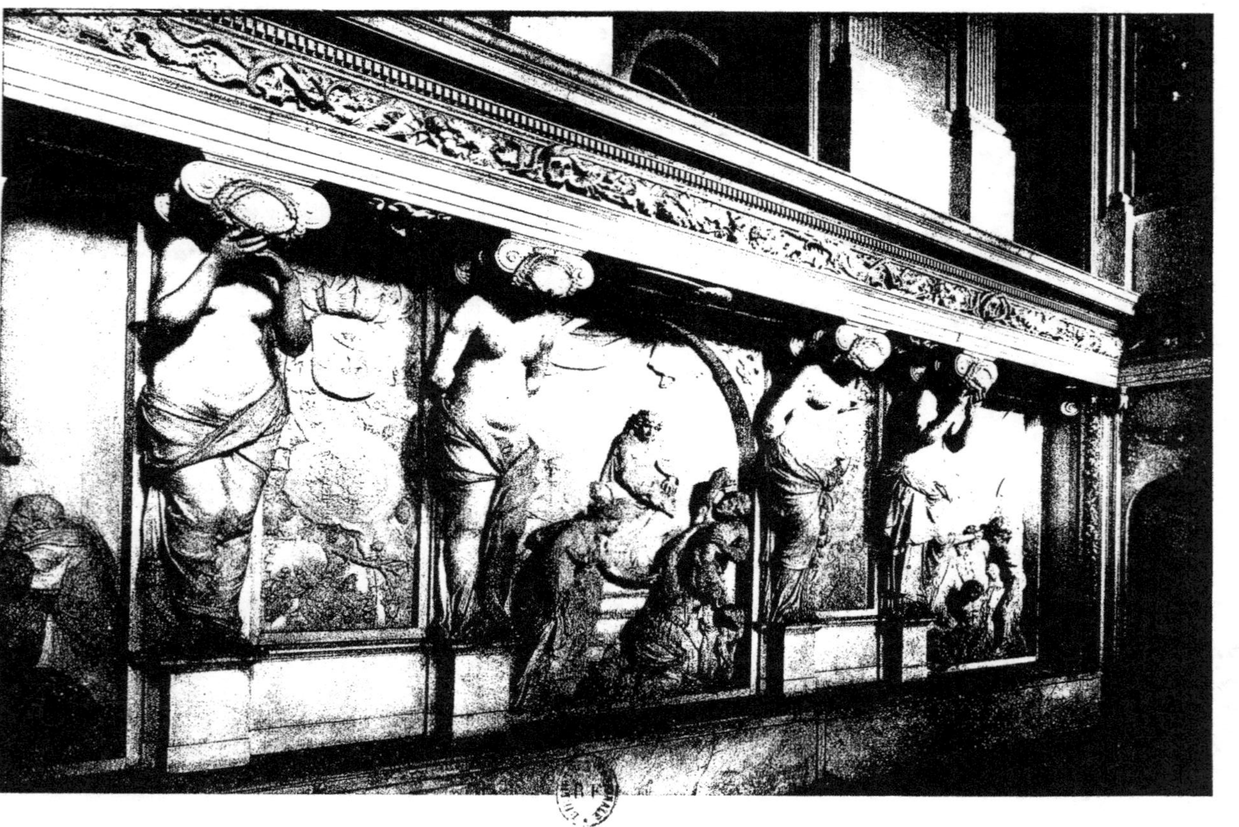

Cariatides, marbre, par Artus Quellin le Vieux.
(Ancien hôtel de ville, aujourd'hui Palais royal, Amsterdam.)

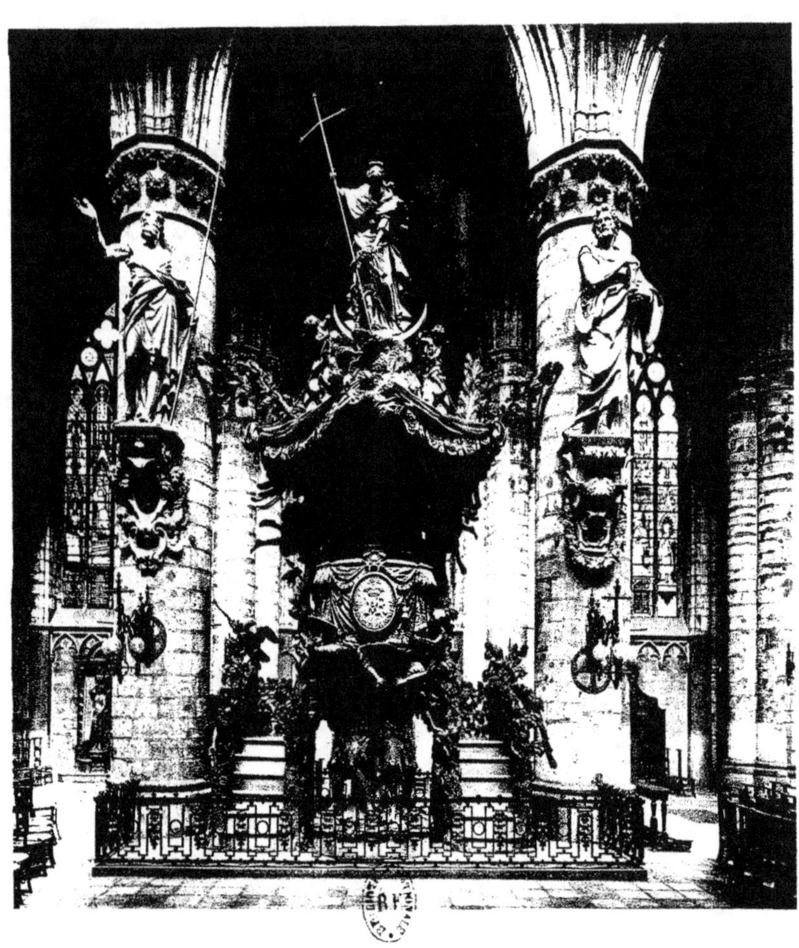

Chaire de vérité, par H. Verbruggen.
(Église Sainte-Gudule, Bruxelles.)

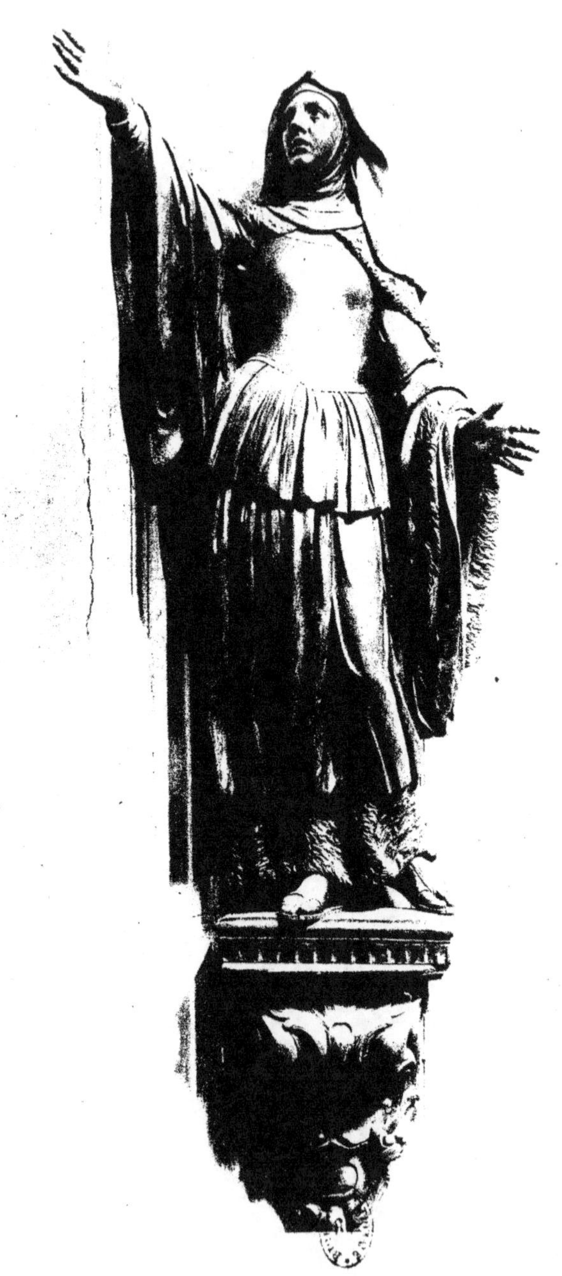

Sainte Gertrude, statue en bois, par Laurent Delvaux.
(Église Sainte-Gertrude, Nivelles.)

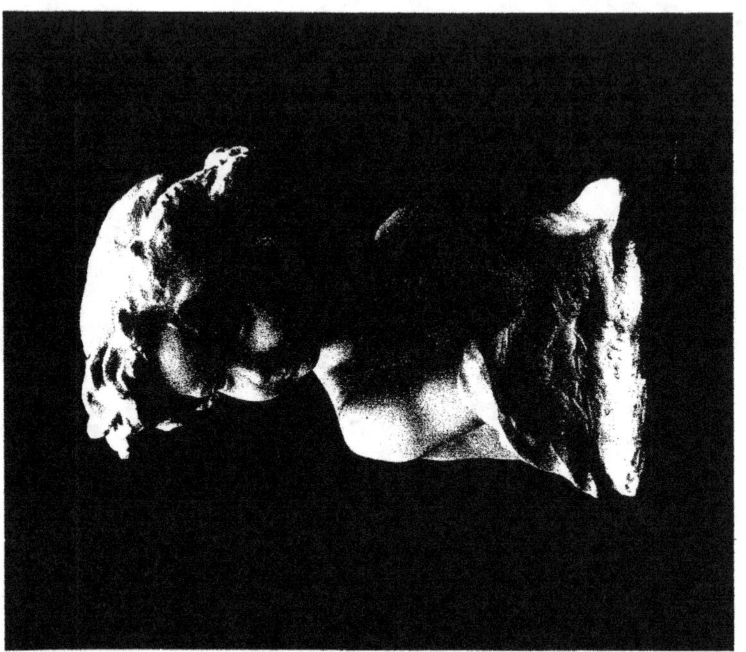

Buste de la princesse Marie-José de Belgique, marbre, par Victor Rousseau.
(Musée des Beaux-Arts, Bruxelles.)

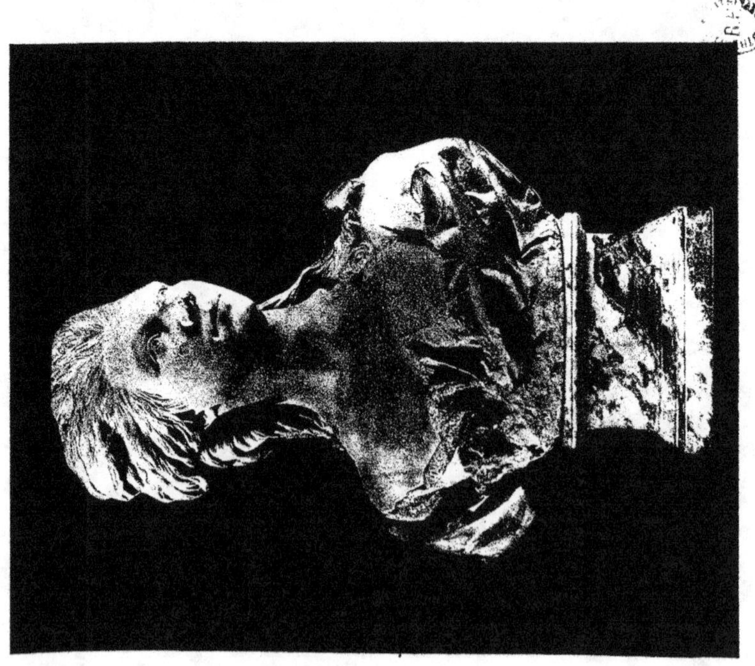

Buste de femme, terre cuite, par L. Godecharle.
(Collection Descamps, Bruxelles.)

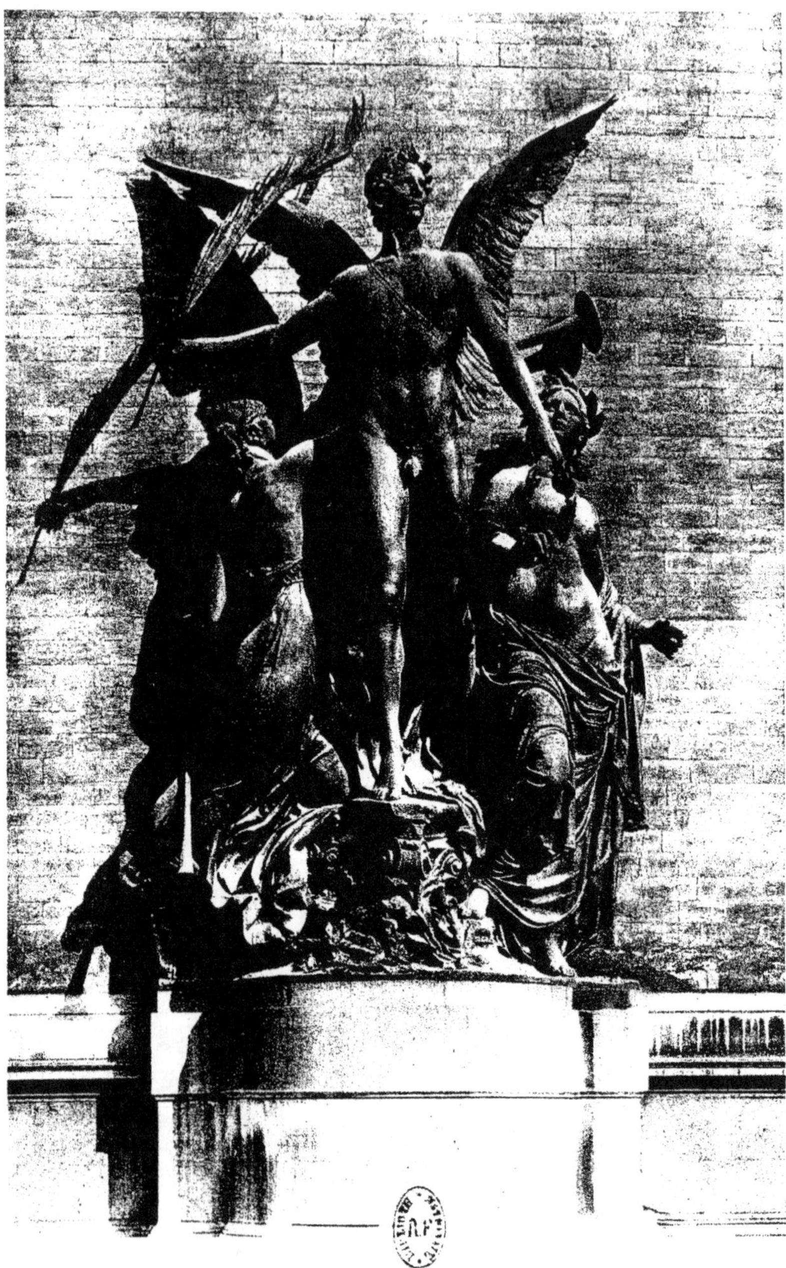

La Glorification de l'Art, groupe en pierre, par Paul de Vigne.
(Façade du Palais des Beaux-Arts, Bruxelles.)

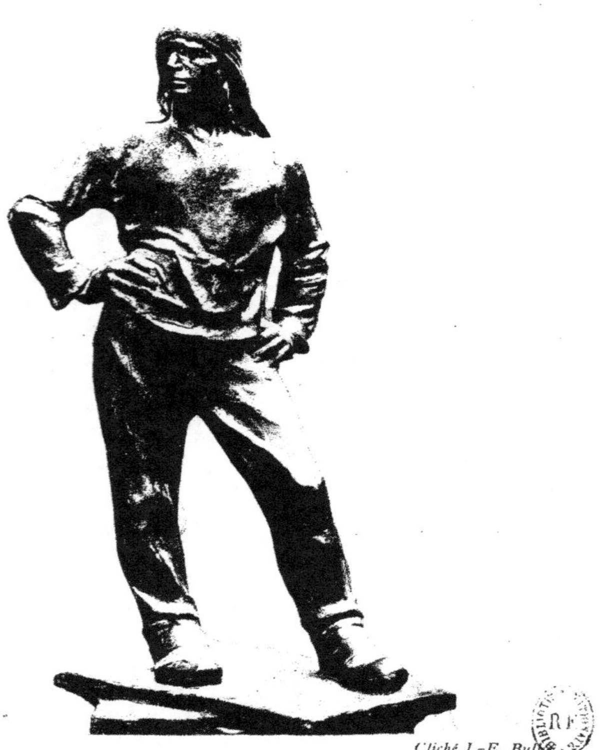

Le Débardeur.

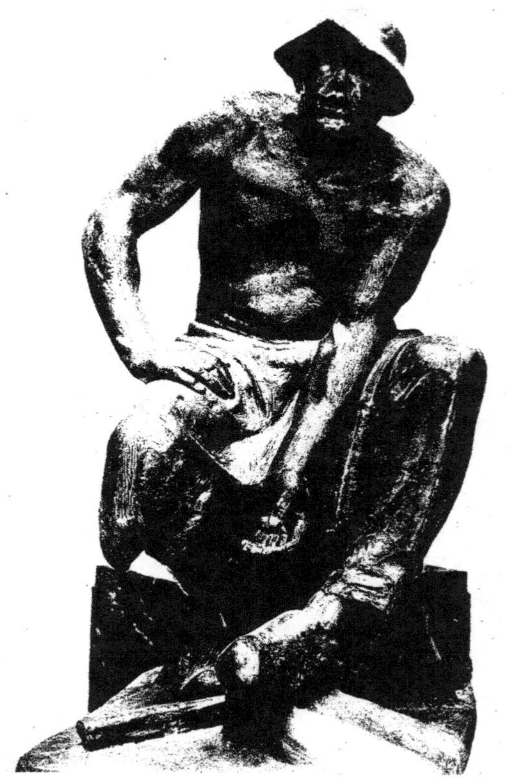

Le Puddleur.

Statues en bronze, par Constantin Meunier.

www.ingramcontent.com/pod-product-compliance
Lightning Source LLC
LaVergne TN
LVHW052203200726
843508LV00015B/478